俄国革命的
圣彼得堡大学

王子安 ◎ 主编

汕頭大學出版社

图书在版编目（CIP）数据

俄国革命的讲坛——圣彼得堡大学 / 王子安主编
. -- 汕头：汕头大学出版社，2012.4（2024.1重印）
 ISBN 978-7-5658-0711-4

Ⅰ.①俄… Ⅱ.①王… Ⅲ.①圣彼得堡大学－概况
Ⅳ.①G649.512.8

中国版本图书馆CIP数据核字（2012）第066408号

俄国革命的讲坛——圣彼得堡大学

主　　编：王子安
责任编辑：胡开祥
责任技编：黄东生
封面设计：君阅天下
出版发行：汕头大学出版社
　　　　　广东省汕头市汕头大学内　邮编：515063
电　　话：0754-82904613
印　　刷：河北浩润印刷有限公司
开　　本：710mm×1000mm　1/16
印　　张：11
字　　数：80千字
版　　次：2012年4月第1版
印　　次：2024年1月第2次印刷
定　　价：50.00元
ISBN 978-7-5658-0711-4

版权所有，翻版必究
如发现印装质量问题，请与承印厂联系退换

目 录

昔日圣大

春天里的种子…………………………………… 3
群星荟萃的殿堂…………………………………… 8
苏联时期的硕果…………………………………… 15

圣大风云

俄国革命的讲坛…………………………………… 29
二战烽火漫校园…………………………………… 35

科坛之光

数学派的创始者…………………………………… 55
卓越化学家门捷列夫……………………………… 62
俄国生理学之父…………………………………… 79
世界第一生理学家………………………………… 83
为"光明"事业而奋斗……………………………… 99
细胞免疫学大师…………………………………… 107

无线电通信的创始人 ·· 119

思想的光芒

家族的背叛者 ·· 125
民主主义作家 ·· 132

圣大荣光

伟大的无产阶级导师 ·· 151
于危难之际撑起国家的总统 ································ 162
保加利亚的马克思主义领袖 ································ 171

大圣日昔

俄国革命的讲坛——圣彼得堡大学

春天里的种子

　　大约从 17 世纪开始，俄国的历史进入了一个新时期。这个时期的特点，就是资本主义生产关系逐渐产生和发展，俄国资产阶级由此形成。但是国内依旧是封建农奴制占统治地位，这种封建农奴制阻碍了当时进步的资本主义生产关系的发展。俄国依旧是一个封建国家，这使它历史上形成的经济落后、文化落后和军事落后的状况变得更为严重，对

彼得大帝铜像

昔日圣大

经济发展造成十分不利的影响。及至 17 世纪末，这种不利的影响已威胁到了俄罗斯的国家独立。

18 世纪初，彼得大帝采取了一系列措施，力图改变俄国的落后局面，使生产力有了较大的提高，工业有了较快的发展，并且建立了正规的陆军和海军。另一方面，他在 1700—1721 年北方战争等一系列战争中统率军队，并且在攻取诺特堡战役、列斯纳亚战役和波尔塔瓦战役中亲自指挥军队作战，取得了光辉胜利。凡此种种，使俄国一跃而为世界最大的强国。经济的振兴，军事的扩张，国家制度的发展，无不需要有专门技术的人才。

彼得大帝

1712 年，彼得大帝从莫斯科迁都圣彼得堡，使之成为全国政治、经济和文化的中心。他不失为俄国历史上一位有雄才大略的皇帝，为了改变俄国落后于西欧先进国家的状况，进行了一系列重大的国家管理改革。彼得大帝身体力行，开始了俄罗斯的"欧化"，在科学技术和教育领域等许多方面学习西欧，并在国内建立了多所大学。根据彼得大帝的创议，于 1724 年建立了彼得堡科学院这个 1917 年前俄国最高学术机构。俄皇彼得大帝在位时，就曾想在彼得堡建立一所大学。不幸的是，科学院成立不久，彼得大帝就谢世而去。在以后的岁月里，科学院附属大学处境不佳，无所作为。直到 18 世纪 50 年代末和 60 年代初，由著

俄国革命的讲坛——圣彼得堡大学

名科学家米哈伊尔·瓦西里耶维奇·罗蒙诺索夫执长校务后,学校的工

莫斯科风光

伊萨基辅大教堂

昔日圣大

走进科学的殿堂

作才有了起色,声誉亦与时俱增。然而,好景不长,罗蒙诺索夫死后,科学院附属大学随之也丧失了活力,没有了生气,终于在1766年几乎解体了。到了19世纪初,在京都创建一所大学的要求变得日趋迫切。

俄罗斯的冬季寒冷而又漫长。在圣彼得堡,人们常见的冬日景观是:宫庭广场上的厚厚积雪,伊萨基辅大教堂的条条冰凌,银装轻披的"青铜骑士",雪花飞扬的涅瓦大街。然而,1819年的冬天,彼得堡的气候似乎特别暖和。古斯拉夫民族送冬迎春的传统节日——谢肉节还未到,可是,每当雪霁天晴,太阳懒洋洋地照射着的时候,人们就能见到冰雪初融的景象,感到波罗的海吹来的阵阵暖风:大自然提早送来了春的信息。

彼得堡科学界和教育界也迎来了学术领域的春天。这年2月8日,在古老的彼得罗夫大厦,宣告了彼得堡大学的成立(一说创建于1724

莫斯科大学

年），它仅次于莫斯科大学（1755 年）、维尔诺大学（1803 年）、喀山大学（1804 年）和彼尔姆大学（1817 年），在俄罗斯各大学中位居第5。时过百年，在 1917 年十月革命之后的 1924 年，这所大学随着这座城市的更名也改名为列宁格勒大学。1991 年，随着苏联的解体，这所大学又恢复其原名。

喀山大学

彼得堡大学兴建那年，设置了三个系，即哲学－法学系，历史－语文系和物理－数学系。第一学年仅招收了 20 名新生。担任首任校长的，是俄国著名的经济学家米·安·巴卢吉扬斯基。建校伊始，困难重重。然而，彼得堡大学这颗春天播下的种子，不久之后就在俄罗斯的土地上开出了鲜艳的花朵，结出了丰硕的果实！

走进科学的殿堂

群星荟萃的殿堂

犹忆1819年建校之际,彼得堡大学仅仅招收了20名新生,如今,列宁格勒大学的学生已逾两万。建校180多年来,圣彼得堡大学已经与俄罗斯、与前苏联科学和文化的发展紧紧联系在一起的。它所培养的学生中,有革命志士和卫国战争中的英雄,有一大批科学界、文化界、教育界和社会生活领域里的杰出人物。在俄罗斯史册上,圣彼得堡大学写下了许多光辉篇章,并为世界和人类科技进步,做出了自己的贡献。

圣彼得堡大学

俄国革命的讲坛——圣彼得堡大学

从19世纪40年代后期起布尼亚科夫斯基就执教于彼得堡大学，他开设了分析力学、概率论以及数学分析方面的课程。他的讲授，内容深刻而又浅显易懂，因此深受学生欢迎。1830年，他在数学上的卓越成就，使他在年仅26岁时就当选为彼得堡科学院院士。

巴甫鲁吉·尼沃维奇·切比雪夫是当时数学界遐迩闻名的人物，是数学思想的伟大代表之一，1847年至1882年在彼得堡大学执教。他所著《比较理论》一书使他于1849年获得了学校的博士学衔。这本专著是半个多世纪以来最有价值的数论教材。1856年，他当选为彼得堡科学院院士。

在这里，俄国革命民主主义最伟大的思想家、19世纪60年代青年思想的引导人尼·加·车尔尼雪夫斯基，从1846年到1850年在彼得堡大学度过了他的大学生活。这是勤奋学习、硕果累累的四年，也是他的革命世界观逐步形成的四年。这四年，他养成了作为革命民主主义者的品质，也养成了作为反对农奴制度和专制制度斗士的品质。1855年5月，车尔尼雪夫斯基进行了硕士论文答辩，这篇论文在19世纪60~70年代青年的心目中乃是革命的宣言。它号召俄国知识界为人民服务，把知识和文化在民间传播。

1866年，"唯物主义生理学之父"伊·米·谢切诺夫完成了他的天才著作《脑的反射》。本书及他的其他一些著作对俄国的自然科学和唯物主义哲学思想的发展有着巨大的影响。谢切诺夫于1876年应聘到彼得堡大学执教，在这里工作达12年之久。

1869年3月，圣彼得堡大学毕业后留校任教的季·伊·门捷列夫在俄国化学学会的会议上，宣读了他发现的化学元素周期律，并创立了化学元素周期系。他的成就奠定了现代化学物质结构理论的基础，在研究种类繁多的化学物质和新元素合成上起着头等重要作用。恩格斯因此称之为"科学一大贡献"。

走进科学的殿堂

恩格斯

"青出于蓝而胜于蓝",这句话为众所公认。但人们往往知"青"而不识"蓝"。例如:凡是学过化学的人,都知道门捷列夫和根据他发现的元素周期律而制出的自然界化学元素周期系。但若非专门研究化学史的人,却很少知道门捷列夫的业师亚历山大·阿布拉莫维奇·沃斯克列先斯基这位著名的有机化学家和杰出的教育家。他是独立的俄国化学学派的创始人,被誉为"俄国化学之鼻祖"。曾在彼得堡多所学校执教,在彼得堡大学执教近30年。门捷列夫在回忆他所敬重的这位业师时写道:"我是沃斯克列先斯基的学生,令我难忘的是,他的讲授引人入胜,使你如沐春风,而且,他总是放手让步入化学之门的新手独立从事科学研究"。他的学生中,除门捷列夫外,还有俄国物理化学学科的奠基人、彼得堡科学院院士、著名的热化学家尼古拉·尼古拉耶维奇·别克托夫;著名化学家、俄国第一份化学杂志的创办人尼古拉·尼古拉耶维奇·索科洛夫以及著名化学家、俄国第一部化学史著作《化学观念发展概论》以及《分析化学》的作者等人。

曾任圣彼得堡大学校长的著名物理学家和电工学家艾·赫·楞次,是俄国最早的彼得堡物理学派创始人。他1883年提出了确定感应电流方向的定律,后来被命名为楞次定律。他还与彼·谢·雅各比合作研究

俄国革命的讲坛——圣彼得堡大学

电磁体,提出了电磁计算法,是电磁现象学说的奠基人之一。

1895年5月7日,年仅35岁的圣彼得堡大学物理-数学系学生亚·斯·波波夫在俄国物理-化学学会上发表了他发明的世界第一台无线电接收机。同年,还制成了雷电指示器,成为世界无线电通讯的发明者。

1904年,获诺贝尔生理学医学奖的伊·彼·巴甫洛夫,也是圣彼得堡大学的毕业生。他创立了高级神经活动的唯物主义学说、现代最大的生理学派和生理学研究新方法。

楞次

保加利亚共产党创始人之一的季米特·布拉戈耶夫也在该校学习过。1883年冬天,他提议由志同道合者一起成立一个小组来宣传科学社会主义思想,这就是著名的布拉戈耶夫小组,为俄国社会民主党打下了基础。

在这里,奠定了俄国女子高等教育的基础——由历史学家康·尼·别斯图热夫—留明

巴甫洛夫

昔日圣大

主持了彼得堡高级女子专修班，亦称别斯图热夫高级女子专修班（1878—1882年）。

弥足珍贵的是，从1890年起，无产阶级的革命导师、苏联共产党的创建人弗·伊·列宁与彼得堡大学有了直接的联系。1891年，列宁作为校外考生，通过了法律系的考试，获得了彼得堡大学的一级毕业证书。

除此之外，较著名的有：

尼古拉·尼古拉耶维奇·米克卢霍－马克莱，著名的民族学家。在1870—1880年间，他致力于研究东南亚、澳大利亚和大洋洲的土著民族，包括新几内亚东北海岸（今称米克卢

列 宁

新几内亚风光

霍-马克莱海岸）的巴布亚人。他一向反对种族和殖民主义。

克里门特·阿尔卡基耶维奇·季米里亚泽夫，达尔文主义自然科学家，俄国植物生理学派创始人之一，俄罗斯科学院通讯院士（1890年起为彼得堡科学院通讯院士）。1878年至1911年，他任莫斯科大学教授，后因抗议压制大学生而辞职。他揭示了光合作用的能量规律，认为光合作用是利用光来合成植物中有机物质的过程。

列夫·亚历山大罗维奇·丘加耶夫，著名化学家，俄国络合物化学学派创始人。1905年，他发现了测定镍的试剂，世称"丘加耶夫试剂"。1899年，他提出了碳氢化合物合成法，世称丘加耶夫反应。1927年，他获列宁奖。其时，他已辞世五年。其人虽殁，但其建树永存。

阿列克赛·叶夫格拉维奇·法沃尔斯基，有机化学家，苏联科学院院士，社会主义劳动英雄。他著述甚丰，多是有关乙炔衍生物化学、环烃、不饱和有机化合物方面的。这些成果具有重大的理论和实际价值，为创建一些极为重要的生产部门（如合成橡胶生产部门）提供了理论基础。他于1941年获苏联国家奖。

维切斯拉夫·叶夫格尼叶维奇·季先科是有机化学家，苏联科学院院士。1906年，他发现脂肪系醛缩合反应，后命名为"季先科反应"。他提出用松节油合成樟脑的工业方法。1941年，他获得苏联国家奖。

季米特里·彼得罗维奇·科诺瓦洛夫是著名化学家，苏联科学院院士（1923年起为俄罗斯科学院院士）。在溶液蒸气压领域进行了卓有成效的研究，创立了以他的名字命名的定律。

蜚声世界的病理学家、诺贝尔奖获得者伊·伊·梅契尼科夫，俄国比较病理学、进化胚胎学和免疫学奠基人之一。

季·谢·罗日杰斯特文斯基，现代光谱学的奠基人，苏联光学工业组织者之一。曾任国家光学研究所第一任所长。

俄国汉学学派的首脑人物、著名汉学家瓦·巴·瓦西里耶夫院士写有关于中国史地、语文的著作。

俄国文学史家亚·尼·维谢洛夫斯基院士是文学历史比较研究的代表，历史诗学的创始人。

上以例举的，仅是凤毛麟角。圣彼得堡大学毕业生和曾在该校执教的教授中，有8人曾获得诺贝尔奖。另据1969年，列宁格勒大学建校150周年时，列宁格勒大学出版了《列宁格勒大学校史》一书，作为附录，印载了该校历届毕业生中的科学院院士和通讯院士名录，人数超过250位，几乎涵盖了所有的学术领域，而他们在各自领域里作出的贡献，更是令人仰慕折服。

俄国革命的讲坛——圣彼得堡大学

苏联时期的硕果

1917年11月7日，俄历10月25日，俄国无产阶级在列宁和布尔什维克党的领导下，经过艰苦卓绝的斗争，取得了十月革命的伟大胜利，建立了世界上第一个社会主义国家。1924年1月21日，列宁因病逝世。同年，彼得堡市和彼得堡大学——列宁早期从事革命活动的最初据点，分别改称为列宁格勒市和列宁格勒大学，以纪念伟大革命导师列宁的光辉业绩。

彼得堡风光

走进科学的殿堂

为了巩固无产阶级革命的胜利成果，为了建设新型的社会主义国家，苏维埃俄罗斯需要建立来自工农群众的新的知识分子队伍。1920年10月，在俄国共产主义青年团第三次全国代表大会上，列宁发表演说时指出："只有用人类创造的全部知识财富来丰富自己的头脑，才能成为共产主义者。"在列宁的号召下，工农速成中学如同雨后春笋般在苏维埃的大地上拔地而起。同年，彼得格勒大学也附设了一所工农速成中学。广大工农青年纷纷响应列宁的号召，从工厂、田间以及硝烟弥漫的国内战争的前沿阵地，走进了工农速成中学的课堂。学生中涌现出第一批共产党员和共青团员，他们努力学习和宣传革命理论，积极贯彻执行党和政府的各项决议。他们不仅在学生中产生了巨大的影响，而且也使广大教师们受到感染和教育。当时，在列宁格勒大学，克拉夫柯夫教授曾对自己的学生说："我教你们科学知识，你们帮助我正确地理解社会生活。"在使列宁格勒大学的专家学者转向苏维埃政权的工作中，高尔基和卢那察尔斯基起了特别重大的作用。

高尔基

1936年6月24日，苏联人民委员会和联共中央发布的《关于高等学校工作和高等学校领导的决定》在列宁格勒大学的生活中起了重大的作用。党和政府的这一决定极大地推动了学校的发展，为全国教师的教学科研工作以及学生的学习活动创造了非常良好的条件，苏联高等学校的发展进入了一个新时期。在这一时期，列宁格勒大学也作出了重大的贡献：仅在1938—1940年这三年间，列宁格勒大学就为国家培养了

3500多名具有高度业务水平的专家,他们分布在全国各地的工作岗位上。

十月革命后,列宁格勒大学在各学科领域有了飞速的发展。首先值得一提的是数学和力学各领域。在具有优良传统的数论和代数方面,其研究工作主要集中在下列方面:分析数论,二次型式理论,离散群论。维诺格拉多夫教授创立了求三角和的经典,对哥德巴赫著名的素数定理作出了论证,这一成就具有世界水平。杰格涅在二次型式理论方面,法捷耶夫在数论和计算数学方面,利亚平在离散群论方面都取得了重大成就。在列宁格勒大学,数学科学领域的发展是与马尔科夫的名字分不开的,他提出了独特的"多规范方法",并创立了自由拓扑群理论。

列宁格勒大学在函数论方面的研究更是成绩斐然。费赫敏戈里茨从事实变数函数度量理论和函数分析研究;洛律斯基继伯恩斯坦之后从事函数论(近似值和插值论)研究;康托罗维奇的专著则涉及到函数度

圣彼得堡大学

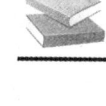

走进科学的殿堂

量论和函数分析；斯米尔诺夫的研究重点则放在复变函数论和微分方程论和弹性理论上；而京特堪称是数学物理学的创造人之一，叶鲁金在研究稳定论问题的同时，还撰写了一些有关所谓"导电体系"的著作。

在力学方面取得卓越成就的当首推科洛索夫。他把复变函数论应用于弹性理论的平面静态课题中，这种做法在校内得到了推广。他的功绩还在于根据复变法建立了平面弹力论。斯米尔诺夫和索博列夫的专著则大大向前推进了弹性理论。尼古拉和格尼兹布格在发展气象学、大气环流和地球气候理论方面，以及弗里德曼和叶科钦在创立现代宇宙学、现代涡流理论方面都起了重大的作用。

列宁格勒大学的科学家对物理学的发展作出了巨大贡献。在物理学教授中，最负盛名的当推罗日杰斯特文斯基。1918年，在他的倡议下，列宁格勒大学制定了新的教学计划。尽管当时有一部份教师反对，物理专业的学生的数学教学还是与本系其他专业的学生的数学教学分开了。这一改革使物理专业的教学水平有了很大提高。罗日杰斯特文斯基主要致力于异常色散、原子光谱理论与分类和显微镜理论研究。他写了许多极有学术价值的专著，有过许多非常重要的发明，创造了一种新的光学研究方法，即罗日杰斯特文斯基"弯路法"。他是苏联光学科学的奠基人和国立光学学院的创始人。他在这所学校期间培养了一大批英才。

列宁格勒大学在全国率先开创了培养地球物理学专家的工作。物理科学的飞速发展，新的物理学领域的开创，核物理方面的重要发明与发现为物理学和物理研究所的多种多样的科学活动创造了先决条件。核物理科学与国民经济各部门的联系日益密切，理论研究的成果很快就应用于实际。

在这些数学物理大师们从事理论研究的同时，还为实用科学作出了很多新贡献。力学家们创造了许多仪器，这些仪器都是在校内的力学实验工厂制作的。久而久之，这些实验工厂竟成了一个生产基地，专门提供各工厂和高等院校相关实验室所需的仪器。

天文科学也得到了迅速的发展。学校与普尔科夫天文台建立了密切的联系。天文台台长及其研究人员来校任教，后来形成了天体物理学派。

苏联化学科学的发展在很大程度上是与列宁格勒大学化学家们的活动相关的。丘加耶夫在苏维埃政权建立的初期主持了普通化学和无机化学教研室的工作。他发现了镍的测定试验（1905年），提出碳氢化合物合成法（1899年）。他曾获列宁奖（1927年），写有烯萜类化学方面的著作。

布特列罗夫是俄国著名的有机化学家，彼得堡科学院院士（1871年）。他33岁的时候就创立并论证了化学结构学说，据以阐明物质的性质是由分子中的原子键的顺序及其相互影响决定的。他最先解释异构现象，合成了许多有机化合物。他在教育和教学上有很多真知灼见，提倡女子接受高等教育。

丹尼洛夫，是苏联科学院通讯院士（1943年），撰写了关于天然化合物和合成高分子化合物化学及工艺学方面的多本著作，他对醛和酮的异构变化进行了广泛的研究。

列宁格勒大学物理化学的代表人物当推弗列夫斯基。他的主要论著是：溶液理论，"溶液—蒸气"二元系理论。他先后提出了几项以他的名字命名的定律。1929年，正当年富力强之际，不幸辞世而去。就在这一年，他当选为苏联科学院通讯院士，并获列宁奖。

众所周知，列宁格勒大学的生理学派是蜚声世界的。这一学派的两个主要人物是谢切诺夫和韦坚斯基。列宁格勒大学的生理学家继承谢切诺夫和韦坚斯基的事业，为生理学这门科学的进一步发展做出了巨大贡献。中枢神经系统生理学和神经肌肉生理学实验室由乌赫托姆斯基领导。1932年，他荣获列宁奖。他于1935年当选为苏联科学院院士，致

走进科学的殿堂

力于兴奋与抑制的过程和易变性机制的研究,创立了器官掌握外界刺激节律的学说和优势学说等。领导高级神经活动实验室的是贝科夫,他于1944年当选为苏联医学科学院院士,1946年当选为苏联科学院院士,获苏联国家奖。他主要研究大脑皮层对内脏器官的影响,著有关于消化生理学、兴奋的化学传导及内感受方面的著作。劳动生理学教研室由维诺格拉多夫领导,该教研室的研究方向是劳动和疲劳过程。他们的许多研究工作具有重大的实际意义。

昔日圣大

圣彼得堡大学

列宁格勒大学的遗传学教研室成立于1919年,这是苏联第一个遗传学教研室,也是世界上最早的遗传学教学单位之一,由菲力普琴科主持。菲力普琴科是在生物学中运用变分统计法的先驱者,撰有关于人的遗传性、育种遗传原理及进化问题方面的著作。他研究植物和动物的遗传学,特别侧重农业牲畜的研究,在这个教研室任职并一度担任教研室领导工作的还有弗拉基米尔斯基,他的研究领域主要是再生作用、外部条件对昆虫颜色遗传性的影响等。

苏联第一个微生物教研室长期以来由伊萨琴柯主持。他是著名的微生物学家和植物学家，海洋微生物学的创始人之一，提出硫磺和钙的生物成矿说，也是最早应用生物学方法防治啮齿动物的学者之一。他1945年当选为乌克兰科学院院士，翌年又当选为苏联科学院院士。他的接任者伊凡诺夫在研究含碳物质的变化过程方面作出了自己的贡献：多年致力于维生素的研究，并主持了在工厂条件下获得维生素C的科研工作。

1920～1935年间，无脊椎动物教研室在原生动物学的研究上取得了辉煌的成就。在这个领域里，多格尔及其学生创

乌克兰风光

立了自己的学派，1954年提出了动物进化过程中同源器官的聚合作用和低聚作用概念，解决了有关原生动物进化规律的一系列重大原则问题。他1939年当选为苏联科学院通讯院士，主要写有原生动物学、寄生物学、胚胎学、无脊椎动物比较解剖学方面的著作。在1957年，也就是他辞世后两年，被追授列宁奖。

20世纪30年代初期，这个教研室除了原生动物学这一专业方向外，还产生了另一新的专业方向——生态寄生虫学。其宗旨是研究整个寄生虫界与外部条件即寄生体环境变化之间的相互关系，以及寄生体本身生理状态变化的相互关系。他们在许多对象（鱼类、两栖动物、爬行

走进科学的殿堂

动物、鸟类、哺乳动物等）上弄清了决定寄生虫动态的基本规律。这一研究成果不仅有重大的理论意义，而且还有广泛的实践价值。

脊椎动物教研室主任是动物学家希姆克维奇。1920年，他当选为俄罗斯科学院院士，是进化论宣传者和理论家，写有脊椎动物比较解剖学，无脊椎动物形态学、胚胎学和分类学方面的著作。接替他担任教研室主任的，先是杰柳金，水生物学研究专家；后是卡什卡罗夫，脊椎动物生态学的知名学者。在他们的领导下，形成了列宁格勒大学生态学学派，专门研究气候因素对动物的影响，研究生态动物地理和生态群落。卡什卡罗夫还致力于中亚细亚陆栖脊动物区系的研究，他在天山和哈萨

昔日圣大

哈萨克斯坦一景

克斯坦的考察获得了宝贵的资料。他是苏联第一批动物生态图志的作者。

杰柳金还是水生生物学和鱼类学教研室的创造人。在全面发展理论

俄国革命的讲坛——圣彼得堡大学

白令海峡一景

巴伦支海

昔日圣大

前提和从事无数次实地考察的基础上，他对白海和巴伦支海域的动物区系进行了大量的科学研究。他还研究了白令海峡、鄂霍次克海和日本海域的动物区系，提出了一个研究课题：太平洋动物区系以及先此而存在的与之有关的大西洋动物区系的演变历史。后来，他的学生古里雅诺娃在这个课题的研究上取得了突破性进展。

鱼类学实验室由苏沃洛夫领导，他专门从事具有工业意义的海洋鱼类的研究。

植物教研室长期以来由科马罗夫领导。他是著名的科学家、教育家和科学工作组织者，是物种的地理形态概念提出者之一。他是苏联科学院院士（1920年起为俄罗斯科学院院士），并从1936年起担任苏联科学院院长，1937年起为苏联最高苏维埃代表，在1941、1942年曾连获两次苏联国家奖。1943年，他获得了社会主义劳动英雄称号。他在植物分类学、植物区系学和植物地理学方面的著述甚丰。他这个教研室的波利茨基关于硅藻植物区系的专著，以及纳乌莫夫关于菌类的专著，对植物科学作出了巨大贡献。当时，这个教研室放在工作首位的有两大课题：一是苏联植物区系史，一是植物形态和系统发育关系。为此，他们的足迹遍布于克里木、帕米尔、高加索、希比诺、列宁格勒、阿斯特拉罕和库尔斯克等州、市。

在植物生理学方面，首先应当提到科斯特切夫这位生物化学家、植物生理学家及微生物学家。他出自书香门第，其父老科斯特切夫是俄国科学家，现代土壤学奠基人之一。科斯特切夫继承父业，他是苏联科学院院士（1923年起为俄罗斯科学院院士），所撰专著多属有关微生物生理学和生物化学（微生物工业的生物学原理、发酵和呼吸的化学机理等）方面。他的这些著作成了通过生物方式进行柠檬酸工业生产这一方法的理论基础。他还编写了植物生理学教科书，教科书问世之后，竟多次再版，而且还被译成德文。科斯特切夫主持植物生理学教研室多年，他的接任者是利沃夫——研究高等植物的新陈代谢和抗旱性生理原理的权威。他通过研究认为，植物抗旱和抗低温的能力与其碳水化合物和氮的新陈代谢作用的加强有关。1946年当选为苏联科学院通讯院士。

地植物学教研室长期以来由苏卡乔夫领导，后由申尼科夫接任主持。苏卡乔夫是植物学家、地理学家、林学家。他是生物地理群落学的奠基人之一，也是苏联地球植物学派的创始人。1943年，他当选为苏联科学院院士；1965年，他荣获社会主义劳动英雄称号。他的著作涉及面极广，主要有：植物群落学的理论和方法、森林生物学、沼泽学、苏联植被史、孢粉分析、防护林营造等等。申尼科夫1946年当选为苏联科学院通讯院士，写有关于草甸学和普通植物群落学方面的著作。这个教研室还有一些科学研究基地，如设在彼得戈夫的植物研究所和设在别尔哥罗德州的"沃尔斯克拉河边森林"自然保护区。这个教研室还编写了许多教科书和教学参考书，其中影响较大的有：舒卡奇耶夫的《树木学》，谢尼柯夫的《草甸学》，戈罗德柯夫的《苔原学》。

西伯利亚风光

走进科学的殿堂

　　植物地理教研室的科研活动由尼·阿·布什领导。他是苏联科学院通讯院士（1920年起为俄罗斯科学院通讯院士），写有关于高加索、西伯利亚和远东植物地理学的多本著作。

　　从十月革命胜利到伟大的卫国战争爆发，在这将近四分之一世纪的时期里，列宁格勒大学取得了丰硕的科研成果，并为苏联培养了力学、数学、物理、化学、地质、地理、生物、语文和历史等领域的专家共23000名。它已成为全国重要的教学和科研中心之一。

卫国战争旧照片

圣大风云

俄国革命的讲坛

彼得堡大学有着光荣的革命传统和动人的英雄业绩。在反对沙皇专制制度的殊死斗争中，它有过卓越的贡献。

但是，这所大学所经历的途程却是曲折复杂而又极其艰辛的。从它刚刚建立时起，国内的反动统治势力就把它视为一个危险的机构、动乱的源地。这是因为，彼得堡大学成立的最初几年，正值俄国社会运动风起云涌之际。这一运动最终导致了俄国革命家1825年12月发动起义反对专制制度和农奴制度，史称十二月党人起义。这次起义后来虽然失败了，但标志着俄国革命运动的开始。从19世纪20年代至30年代起，在十二月党人革命活动的影响下，俄国学术界的先进思想对学生产生了重大影响。首都进步的贵族青年和大学生渴望学习政治和经济科学，希望从中获得对重大现实问题的解决方案。因此，当时彼得堡大学的一批进步教授所讲授的这些课程很受学生欢迎。但是统治集团对圣彼得堡大学的先进思想始而警觉、继而紧张、终因十分恐慌，最终决计"禁止在公开教学中散布自由思想"，并"根除一切有害的学术观点"。

这时，俄国进入了一个内部反动的漫长的历史时期。沙皇政府对学校所显露出的任何自由思想都采取了疯狂扼杀的政策。彼得堡的督学鲁尼契（这是个不学无术而又善于钻营的反动分子），还有一个玛格尼茨基，同是沙皇亚历山大一世在教育界的鹰犬，是手中握有大学领导权的最保守的分子，以破坏喀山大学和彼得堡大学而"闻名"。这个鲁尼契根据密探报告，认定著名的法学家库尼岑（俄国法学家，所著《自然法》一书因被视为反对"基督教之真谛"而遭查禁。）一意宣扬"危害匪浅的异端邪说"，"实乃极端危险之分子"，于是就把库尼岑赶出了学校。鲁尼契在把库尼岑解职之后，又以莫须有的罪名迫使统计学家阿尔谢尼耶夫教授和格尔曼教授、哲学和逻辑学教授加利奇（俄国心理学家、美学家、唯心主义哲学家，著有《哲学词汇汇编》，为俄国最早的哲学手册之一。）、普通历史学教授拉乌帕赫等人离开了学校。1821年，首任校长、政治经济学教授巴卢吉扬斯基也被他们解除了职务。从前宣布过的学院自由受到了限制，对大学生活的行政干涉大为加强。

尽管如此，许多知名学者和进步教授云集该校，彼得堡大学汇集了促使俄国进步的巨大力量。19世纪30年代中期，果戈里曾在该校执教，屠格涅夫曾在该校求学。1846—1850年，车尔尼雪夫斯基曾在该校

沙皇亚历山大一世

果戈里

历史—语文系学习。俄国革命民主运动的杰出代表人物皮萨列夫（俄国政论家和文艺评论家，唯物主义哲学家，革命民主主义者。《俄罗斯言论》主要撰稿人。1862—1866年因从事革命宣传被囚禁在彼得保罗要塞。主要著作有：《劳动史纲要》、《现实主义者》等。）于1856年到1861年也曾就读于该校哲学系。

19世纪50年代和60年代，彼得堡大学有了长足的发展。原来的大学生，大多出身贵族。其后，平民子弟的比重逐渐有所增加。这些从社会各阶层进入大学的青年学生，在彼得堡政治气氛的熏陶下，同时受到车尔尼雪夫斯基和杜勃罗留波夫的思想影响，激发了全体大学生的社会积极性。1861年2月8日（旧历20日），校内学生举行了一次示威活动，这次示威活动是因抗议教育部长无理取消尼古拉·伊凡诺维奇·科斯托马罗夫（俄国和乌克兰历史学家，彼得堡科学院通讯院士，1859年起任彼得堡大学教授。资产阶级自由派基里尔—梅福季协会领导人之一）教授的一次演说而引起的。

1861年，农民改革废除了农奴制，但是改革的不彻底性和工人运动的兴起造成了全国风起云涌的革命形势。3月初，为了抗议沙皇政府对华沙赤手空拳的示威群众所进行的血腥镇压，许多愤怒的学生又参加了为死难者召开的追悼会。5月，政府颁布了若干法令，禁止学生集会、演讲等等，更加激发了学生的愤怒情绪。9日至10日，彼得堡大学学生中再次出现示威活动，并且与军队发生了冲突。沙皇政府竟然把300名积极参加学生运动的人关进了彼得保罗要塞和喀琅施塔得要塞的囚室，罪名是策动并参与暴乱，图谋推翻政府。反动当局一不做二不休，索性把彼得堡大学关闭了，以图去掉这个眼中钉、肉中刺。

彼得堡大学事件的消息，很快传播开去。它犹如燎原的星火，点燃了全俄大学生的革命火炬。首先是莫斯科大学和喀山大学的学生展开了游行示威活动，继而又得到了全国进步人士的广泛支持。全俄的进步力

走进科学的殿堂

圣大风云

量都站在彼得堡大学学生一边。车尔尼雪夫斯基密切关注着学生运动的

莫斯科大学秋景

发展。赫尔岑主编的《钟声》报给了大学生极大的鼓舞，赫尔岑向大学生们致以"远方的祝福"。他从方兴未艾的学生运动中看出人民群众与专制制度之间、大学校园与沙皇军营之间有着尖锐深刻的矛盾和不可逾越的鸿沟。

1861年，彼得堡大学学生的反抗运动是俄国革命民主阶层对沙皇暴政展开殊死斗争的一个有机组成部分。这次学生运动也为以后改革时期的学生运动奠定了基础。彼得

喀山大学一景

堡大学激进的学生成了俄国民主知识界运动的先锋。

　　在彼得堡大学学习的革命活动分子中，首先需要提及的是列宁的哥哥亚·伊·乌里扬诺夫。他于1883年入学，就读于物理—数学系自然科学专业。他才华横溢，练达有为，担任学生科学和文学学会的秘书。1886年，他写了一篇很有价值的论文，荣获金质奖章。他积极参加俄国的革命运动活动，在学生中起了领导的作用。他是1886年11月17日学生示威活动的组织者之一。1887年5月8日，因参与刺杀沙皇亚历山大三世（未遂）而在施吕瑟尔堡要塞被处绞刑。这对年仅17岁的列宁产生了强烈的影响。他因此而痛恨沙皇，立志要为哥哥报仇，为俄国广大劳苦大众的解放而斗争。但是，他没有走哥哥走过的那条令人恐怖的道路。正在他摸索前进的时候，他接受了马克思主义。1895年，他在圣彼得堡成立了"工人阶级解放斗争协会"，开展起宣传马克思主义、领导工人运动的活动。

　　十九世纪末，俄国工人阶级的革命运动越来越具有广泛性，这充分证明与专制制度决一死战的时刻日益临近。在工人阶级斗争的影响下，学生运动不断发展壮大。彼得堡大学的学生运动充分地反映了国内阶级矛盾的尖锐性。

　　1905年，革命浪潮席卷全国，学生运动风起云涌。9、10月份，彼得堡大学成了革命群众集会的地方。全市的进步人士从四面八方涌进彼得堡大学，他们在教室里开会，讨论，印发传单，宣传革命。有时，教室占满了，人们就转向校园的空旷之处。气急败坏的沙皇政府于1905年10月15日下令关闭彼得堡大学。在从1905年10月中旬到1906年秋季这段漫长的停课日子里，政府当局既未能把学生运动镇压下去，也未能切断进步学生与彼得堡工人的联系。在"关闭"的大学里，布尔什维克以召开学术会议为名，多次举行了秘密的和半公开的党的会议和工会会议，进行秘密接头活动。列宁曾不止一次地到学校

走进科学的殿堂

发表演说和做报告。

　　1905年的革命风暴把彼得堡大学提到了俄国社会政治生活中的一个显著的地位。后来，列宁对圣彼得堡大学师生反对沙皇暴政的活动给予很高的评价，称它为"俄国革命的讲坛"。

圣大风云

俄国革命的讲坛——圣彼得堡大学

二战烽火漫校园

列宁格勒大学的历史既具有戏剧性又很丰富多采。它是彼得大帝倡议创办的学府，1821年被毁，1861—1863年遭关闭，19世纪60～70年代取得自治，1905年学生又罢课不止。在40年代伟大卫国战争时期，她又以战斗不息的大学而载入史册。

卫国战争照片

列宁格勒大学的一个优良传统就是把教学、科研和教育工作统一起来，这使她成了苏维埃文化的一盏明灯。早在伟大卫国战争爆发前夕，列宁格勒大学即已置身于苏联高等学校的前列。它的学生遍布全国各地：从俄国西陲的列宁格勒到东北部的堪察加半岛，从西北角的摩尔曼斯克到南方的第比利斯，可谓桃李满天下。

1941年6月22日，晴空万里。突然间，阴霾满空，硝烟漫地。后来德国法西斯背信弃义，单方撕毁《苏德互不侵犯条约》，向苏联发动了突然袭击。苏联人民在苏联共产党和政府领导下，奋起展开保卫社会主义祖国的战争。战争闯入了苏联人民的和平生活，也闯入了列宁格勒大学宁静的教室和实验室。与全国人民一样，全校师生员工一致奋起，保卫祖国的自由与独立。

6月23日，列宁格勒大学的全校师生员工与全国人民一道，奋起抗议法西斯匪徒背信弃义侵犯苏联的罪行。上午，全校各系召开了师生大会。师生们义愤填膺，纷纷谴责法西斯匪徒的侵略罪行。聚集在历史系大教室里的，有历史学家、经济学家、哲学家和地理学家。科学院院士、《拿破仑入侵俄国》一书的作者塔尔列第一个站起来发言，他在讲话中说："玩火者必自焚，法西斯匪徒必定灭亡！"他的预言式的演说在四年后得到了历史的证实。历史系的共青团员们发表了《誓死消灭敌人》的宣言。宣言说："列宁格勒的共青团员过去、现在和未来都置身于保卫祖国的最前列。……我们列宁格勒大学的共青团员一致认为，站在保卫祖国的最前列是我们神圣的职责。我们誓死消灭全部敌人！"列宁格勒大学在校内共产党员的带动下，很快将学校转入了战时的轨道：一边教学，一边参加城防建设；一边修订教学计划，以适应战时的形势，一边准备后撤，以保证教学和科研不至中断。

战线日益逼近列宁格勒。6月26日，第一批志愿参军人员开赴前线。6月底，列宁格勒市党政机关和社会团体积极筹组列宁格勒民兵队伍。6月30日，列宁格勒大学民兵委员会开始办公。各系有数百名师生立即前往报名，要求早日开赴前线。他们与全国人民及红军并肩战斗，英勇抗击入侵的德国法西斯匪徒。参加民兵队伍的有：苏联科学院通讯院士、细胞生理学家纳索诺夫教授,还有马卡洛夫、亚恰金、林尼克等著名教授以及一大批副教授、研究生和大学生。与此同时,学校又组建了消防队和护士班,学习防火、扑灭燃烧弹以及各种战地救护工作的知识和实际本领。

7月初,列宁格勒大学党委会开始组建游击队。来自各系的一共50名共产党员和共青团员参加了这支游击队。就在这个月,学校大学生组建了歼敌营。据统计,到1941年8月7日为止,全校参军和参加民兵队伍的共1671人,其中教师和科研人员180人,研究生102人,大学生1150人,职工239人。而且根据校长1941年8月8日的命令,暂时还未参军的年龄在17岁到50岁的师生员工,一律接受义务军事训练。同时,他们还要完成市委和部队下达的巩固城防的任务,工作极其艰苦。

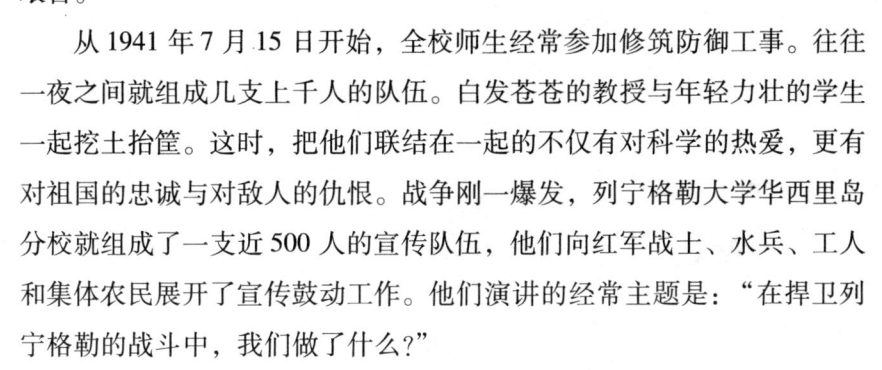

从1941年7月15日开始,全校师生经常参加修筑防御工事。往往一夜之间就组成几支上千人的队伍。白发苍苍的教授与年轻力壮的学生一起挖土抬筐。这时,把他们联结在一起的不仅有对科学的热爱,更有对祖国的忠诚与对敌人的仇恨。战争刚一爆发,列宁格勒大学华西里岛分校就组成了一支近500人的宣传队伍,他们向红军战士、水兵、工人和集体农民展开了宣传鼓动工作。他们演讲的经常主题是:"在捍卫列宁格勒的战斗中,我们做了什么?"

社会科学各系教学科研工作的性质也有了根本的变化,教师们全都投入了广泛的宣传工作:向劳动人民讲明反抗法西斯希特勒战争的目的、性质和特征,对他们进行苏维埃爱国主义和无产阶级国际主义的教育。正如当时的校长沃兹涅先斯基教授所指出的,人文学科教师们的这些活动,都是"射向敌人的颗颗炮弹"。

学校的一切活动都转入了战时的轨道,就连科研工作也以国防需要为转移。1941年7月20日,召开了战争爆发以来的第一次大学学术委

走进科学的殿堂

员会,以冶金学家拜科夫、语言学家墨山宁诺夫、东方学家斯特鲁韦、生理学家乌赫托姆斯基和有机化学家法沃尔斯基等五院士为首的一些教授,呼吁全校教师用自己的知识和经验为前线服务,为战争服务:"列宁格勒大学的专家学者们,我们吁请你们,目前只从事国防需要的课题研究,只从事能使前线迅速得益的课题研究,而且要夜以继日,竭能尽智,以此表达苏联学者赤诚的爱国之心。"全校迅即提出了200多个研究课题,这些课题都是具有国防意义和国民经济意义的。有关教研室和实验室一派忙碌景象:几位生物化学家、微生物学家和组织学家在布洛欣院士领导下研究气性坏疽及其治疗方法;几位物理学家在福克院士领导下,制作了鱼雷发射器射击计算表,同时还为飞行员和潜水艇艇员设计了一种军用光学仪器;数学家则研究不同物体的空气动力稳定性;化学系成立了一个由拜科夫院士领导的机构,专门研究武器和弹药的生产与制造问题;生物土壤系由安谢列夫教授负责,探索培植压晶的方法。该系根据军事委员会下达的任务,1941年8月成立了一个车间,到同年年底,平均每月生产100公斤赛格列盐;从1941年7月开始,乌赫托姆斯基院士就在本校生理学研究所与他的助手一起研究外伤休克课题,这一课题对挽救伤员生命具有重大意义。从1941年7月到11月,短短不足半年的时间内,列宁

希特勒

俄国革命的讲坛——圣彼得堡大学

格勒大学的专家学者已完成了100多项具有国防意义的科研课题。

此时,形势日益严峻,战斗已在城郊进行。1941年8月21日,发布了由伏罗希洛夫元帅、市委书记日丹诺夫和市苏维埃执行委员会主席波普科夫联合签署的号召书,指出列宁格勒面临着被敌人直接进攻的危险,要求全体市民巩固城市防御。在这危难的时刻,列宁格勒大学的师生同仇敌忾,满怀信心,9月1日照样开学。当时全校共有学生2027人(一年级558人,二年级544人,三年级491人,四年级444人)。就在大学新学年的开学典礼上,校长沃兹列先斯基教授在讲话中指出:"……我校的荣誉和尊严以及她在列宁格勒各大学中的主导地位,都要求我们高举我校这面旗帜,并且要在目前复杂的环境中竭能尽智地工作,在考核学生成绩时不能稍有放松,在日常工作中不能知难而退。"为了适应战时环境的需要,学校调整了教学制度,学制缩短为三年,每周学习时间为42小时,并缩短了假期。列宁格勒这座临近前线的城市,给列宁格勒大学的教学秩序打下了自己的烙印。各系都修订了教学计划和教学大纲,同时还增开了一些军事课程,如地理系开设了军事地理课,化学系举办了军事化学短训班。

既要备战,以粉碎希特勒匪徒的进攻;又要学习,以迎接胜利后的建设。这就是当时列宁格勒大学的生活写照。

反法西斯战争爆发后立即投笔从戎的师生员工,他们在伟大卫国战争的各条战线上英

希特勒

勇战斗，很多人为了祖国的自由和独立而献出了生命。

但是由于苏联仓促应战，西部边防迅速崩溃，部队节节败退，以致接连遭受严重挫折和损失。7月8日，普斯科夫陷落；8月14日，诺夫戈洛德失守；8月27日至28日，最后一列火车从列宁格勒火车站驶离。此时，列宁格勒已处在敌人的重重包围之中。在这种严峻态势下，列宁格勒各大学组成了大学生游击队，哲学系学生维克多·多罗费耶夫担任了司令员。由多罗费耶夫领导的一支游击队共38人，基本上是本校学生。这支游击队活跃在季赫温地区。他们破坏敌人运输，偷袭敌军驻地，炸毁敌人弹药库，给了敌人沉重打击。1941年10日至11月，在著名的季赫温战役中，苏军第52、第4和第54集团军阻止了德寇北方集团军企图前住斯维里河与芬兰军汇合。这支小小的游击队在这次战役中作出了很大的贡献。1942年1月，这支大学生游击队又与其他几支游击队一起，再度潜入敌后。当他们刚刚穿越铁路，走上一片开阔地时，敌人的四挺机枪突然一齐开火了，走在最前头的共产党员、游击队长多罗费耶夫不幸中弹身亡。殷红的鲜血，洒染在洁白的雪地上。后来人们回忆，每当危急时刻，他总是呼喊："学校等着我们的汇报！"这句话，后来成了这支游击队的座右铭。这支由列宁格勒大学生组成的游击队以优异的歼敌成绩通过了战争的考试；在伟大卫国战争最艰苦的时刻。他们在敌后活动了9个月之久。

在莫斯科战役中本校毕业生华西里科夫斯基立下了不朽的功勋。1941年12月，185师1319步兵团奉命占领梁宾卡村（在斯维尔德洛夫东南15公里处）。由于敌人火力密集，久攻不克，团长卡扎克少校心急如焚。中士华西里科夫斯基决心拔掉敌人的火力点。他在雪地上匍匐前进，当接近敌人的射击点时，迅速向敌人碉堡的枪眼里扔进两颗手榴弹。但是敌人的机枪仍在疯狂射击，为了避免战友的牺牲，他纵身一跃，用自己的身体堵住了敌人的枪眼。敌人的机枪哑了，华西里科夫斯

基也壮烈牺牲了。他的战友们在他舍身为国精神的鼓舞下,很快占领了

莫斯科战役照片

列宁勋章正面 　　　　　　　　　列宁勋章背面

梁宾卡村，击退了希特勒的进攻。后来，烈士华西里科夫斯基被追授以列宁勋章。

列宁格勒大学的女生也不愧为巾帼英雄。她们在前线担任通讯兵、卫生兵、高射炮兵和狙击手，有的还是军官或政工人员。校团委委员阿维列娜是第一批上前线的人。1941年9月28日，在一次残酷的战斗中，她为了保护司令员而英勇牺牲。1942年3月，历史系女生、卫生兵拉列芙特所在的师在锡尼亚维诺地区开始了反攻。但是，正当她的连队发起冲锋时，敌人的机枪响了，很多同志负伤。拉列芙特包扎了伤员并将他们隐蔽起来之后，放下卫生箱，在腰间别上了几颗手榴弹，说了声"让我上"，就见她向前爬去。不一会儿，传来一声巨响，德寇的机枪哑了。这当儿，只见她站立起来，朝战友们频频挥手，要他们冲上来。不料，敌人的一颗子弹射中了她，她牺牲了。她用自己年轻的生命，为战友们打通了冲锋的道路。

1941年7月到9月，德国法西斯的"北方"集团军以优势兵力突破了苏军防线，进抵列宁格勒郊外和拉加湖一带，切断了列宁格勒同苏联内地的联系，把这座城市围困达892天之久。

实际上，从1941年9月上旬起，列宁格勒市内的生活和工作就日益困难。法西斯分子不断对城市轰炸、炮击。9月10日夜，列宁格勒大学的校舍遭到了轰炸。敌人奢望用围困的办法来摧毁列宁格勒人的斗志。9月底，德军封锁了列宁格勒等城市，黑暗的围

莫斯科战役期间粮食短缺

城日子开始了。

在被围后的第一个寒冬,粮食库存短缺,供应趋于紧张。从11月20日起,工人每天发给250克代用面包,一般市民发给125克代用面包。运输亦告中断。市内燃料和电力不足。街头出现了饿殍,人人面带菜色。但是,列宁格勒大学人在困境中镇定自若,临危不惊。在被围困的城里,师生们既是市民,又是城市的保卫者。教室里阴冷漆黑,不能取暖,也无法照明。即使在这样困难的情况下,大学的生活和工作一天也没有停顿。共产党员带领广大师生员工克服了战争与围城带来的种种困难。

由于粮食紧缺,很多人营养不良,疾病缠身。列宁格勒市有关组织十分关心市内专家学者的健康。设在阿斯托尼亚宾馆的营养不良症治疗所,帮助列大的教师和科研人员恢复健康。治疗所还在生物系开设了一个门诊部。全校师生还自愿帮助四家医院,其中一家医院设在历史系:它完全是依靠师生的力量在几天之内建成的,于9月17日接纳了第一批伤员,女大学生担任了医院的护士。在她们的精心护理下,数百名卫国战士伤愈后又回到了前线。列宁格勒州委表彰了全体女大学生,说她们是"伤员精神上的鼓舞者,感情上的贴心人"。

1941年9月30日,根据校党委的指示,召开了全校共青团员大会,议题只有一个:"目前形势和全校共青团员的任务"。会议号召全体同学要奋力保卫城市,严守纪律,以高度的责任感对待学习。学校的许多党员和团员,还经常完成市委和区委下达的宣传任务。这些宣传员尽管身患疾病,饥肠辘辘,但精神抖擞,斗志昂扬。他们深入到工厂、部队、医院、家庭,对列宁格勒人和列宁格勒的保卫者开展宣传鼓动工作,使人们从困境中找到了出路,在黑夜中看到了光明。

在围城的这段日子里,列宁格勒大学的教学和科研工作一直未断,饿得有气无力的教师依旧按时上课,依旧到实验室做实验。而且,从事科研工作的指导思想十分明确,即,科研工作要把国防需要放在首位。

1941年11月21日,学校在彼得罗夫大厅召开了学术委员会。会议讨论了在围城的形势下如何开展教学工作的有关问题,同时通过了一项决议,要求把教学工作与国防工作最紧密地结合起来,最大限度地利用全体教师的知识、力量和经验去培养国家需要的专家,去解决现实的国防课题。校长沃兹涅先斯基作了题为《弗·伊·列宁与保卫社会主义祖国》的报告。他在报告中强调指出:学校的光荣传统及其在列宁格勒各高等院校中的重大作用,要求大家在战争时期要奋力工作,不能稍有懈怠。各系学术委员会的活动照常进行,除了讨论有关教学和科研工作的问题外,还举行了学位论文答辩:仅1941年9月30日至12月26日,在不到3个月的时间里,就召开了12次答辩会,其中博士论文答辩会就有4次。

凡是1941—1942学年冬天在这所学校工作和学习过的人,永远也不会忘记当时的艰辛情境。学生们有的上了前线,有的另有任务,在校人数很少,有时只有几个人甚至一个人听课。1942年初,学生总共只有707人。米列尔在回忆当时的学习情况时写道:"1941年11月至12月的历史系:天气奇冷,滴水成冰。室内的小铁炉冒着呛人的黑烟。不远处传来炮弹的爆炸声。马弗罗金正在讲述俄罗斯公国的建立。在薄薄的临时隔墙的另一侧,二年级学生正在听叶夫根耶夫·马克西莫夫教授讲课。"当时,校委会和党团组织对教学工作、教学纪律提出了严格的要求。团委会曾对地质土壤系、哲学系、历史系、数学-力学系、语文系学生上课情况进行了突击检查。1941年12月召开了共青团列宁格勒大学第11次总结大会,会议通过的决议写道:"全校共青团员当前的基本任务就是完成教学计划,搞好学习。"

1941年12月2日,全校师生召开大会,纪念列宁在彼得堡大学通过国家考试50周年。缅怀历史,面对现实,更加激发了师生们的革命英雄主义和乐观主义的非凡气慨。从战争爆发到1941年年底的半年多时间里，在被围困的列宁格勒，《列宁格勒真理报》和《宣传与鼓动》照常出版。文科各系的专家学者经常在上面发表充满爱国激情的文章，例如：《先辈们的英勇形象》、《我们亲爱的苏维埃政权》等等。列宁格勒大学出版社更是克服了重重困难，将十本学术专著付梓面世。这是围城中的奇迹，也是列宁格勒大学人坚强毅力的体现。

1942年1月18日，冬季考试开始。战争与围城对学校的学习生活产生了很大的影响。许多学生因患病或其他缘故不能参加考试；有的课程的考试刚刚开始，却又被迫中断。几乎没有一个学生能参加全部考试。尽管困难重重，这次考查和考试却取得了很好的成绩。全体学生共参加考查446人次，考试359人次。其中，得5分和4分的学生占90%。这充分表现了学生们对祖国的忠诚，对列宁思想的拥戴。这不是一般的考试，这是在生活甚至生命都没有保障的情况下进行的对意志、毅力的考验，是对祖国热爱程度的考核。

列宁格勒大学的师生就这样度过了围城后的第一个萧瑟的秋天和严寒的冬天。就在这年秋冬，列宁格勒大学失去了22位教授、76位教员和几百名学生。他们的英名将永远留在列宁格勒大学的史册上。

在反法西斯战争刚刚开始之时，苏维埃政府为了保护列宁格勒大学专家学者们从事科研工作的积极性，下令将学校的一部分实验室撤迁到内地。原定迁至喀山，后改为叶拉布加。撤迁工作从1941年7月19日开始，持续了一个多月。战时运输工具缺少，物资供应困难，整个撤迁工作历尽了千辛万苦。撤迁，这是难以想象的苦难的历程。

迁往叶拉布加的，仅仅是自然科学方面的一些实验室。在叶拉布加，以数学—力学系、物理系、化学系和生物系的实验室为基础，建立了一座列宁格勒大学分校。分校校务工作由天体物理学家安巴尔楚米扬教授主持。他抵达叶拉布加不久，立即着手重建实验室的工作。经过一段时间的努力，到 9 月下旬，各实验室的重建工作即已完成。叶拉布加是一个偏僻的小城，电力不足，交通不便，信息闭塞，连一个像样的图书馆也没有，很少能见到国内外书刊。但是，在大家的忘我努力下，实验室的仪器设备，从安装、调试到运转，前后只用了一个多月的时间。这是惊人的速度。只有高度的爱国心，才能产生这样的高速度。

在叶拉布加分校的教师和科研人员，他们的工作条件和生活条件都极其艰苦，但是，他们却为加强苏维埃国家的防御力量、为支援前线这一全民事业作出了卓越的贡献。

1942 年 2 月，政府决定把留在列宁格勒的其余各系和有关教学辅助单位全部迁往萨拉托夫。这次搬迁路线是由列宁格勒经阿尔扎马斯到萨拉托夫。这是一段苦难的历程，这是一场悲壮的转移。要保证途中仪器设备不能损坏，图书资料不能散失。这次生离，有可能就是死别。在战火纷飞的岁月，什么事情都可能发生！

1942 年 2 月 26 日，列宁格勒大学开始搬迁。长途跋涉，历尽艰辛。3 月 10 日，先期到达萨拉托夫的校长沃兹列先斯基迎接了首批从列宁格勒撤来的师生员工。萨拉托夫是顿河之滨的一大古城，萨拉托夫大学就设在此城。当时，来到萨拉托夫城的学生只有 361 人（一些学

萨拉托夫一景

生因病未能撤离列宁格勒），教员有189人，其中教授49人，副教授和讲师81人，助教59人。尽管如此，4月1日，列宁格勒大学依托萨拉

顿河风光

托夫大学开始了自己的教学工作和科研活动，他们使用了萨拉托夫大学的优良设备。萨拉托夫大学白天上课，列宁格勒大学则在夜间。然而富有戏剧性的是，刚从前线边缘后撤到萨拉托夫的列宁格勒人，不久又置身于离前线近在咫尺的地方了。因为，萨拉托夫在斯大林格勒战役打响后，距离前线已不到300公里了。

  1942年夏秋两季，德国法西斯军队向斯大林格勒出击，伏尔加流域大战方兴未艾。战线迅速逼近萨拉托夫，"容克"飞机经常在萨拉托夫城上盘旋，许多学生因交通阻隔不能入学。但是，学校一天也没有停课，学位论文答辩会在炸弹的爆炸声中从容进行，专家们的科研工作更是一刻也未停。副校长库兹涅佐夫提出了在萨拉托夫省勘测石油和天然气的新方法，完成了专著《军事地质学》。卡列斯尼克写出了《军事工

作中的地理因素》一书。物理学、生物学等学科领域的科研工作都按计划进行，其共同特点是：紧密结合国防需要，为国防服务。学生们刻苦攻读，成绩优异。1942年10月1日新学年开始，又面临教室不够的困

伏尔加流域风光

难。经常是几个班共用一个教室，甚至有时连走廊也被用来上课。一周七天，天天上课，实行机动休假。实验设备奇缺。尤为严重的是，冬季来临后，由于电力不足，燃料缺乏，又经常停水，所有的教室和实验室只好停用。这种状况持续了四个月之久。

久经磨练的列宁格勒人并未在困难面前低头。教室不能用，他们就在宿舍上课，学生们坐在床上听讲，记笔记。有些系修订了教学计划，实验课后移到春夏季去上，而秋冬季节只上理论课和实践课，因为这类课不需要专门的实验室。许多教研室人手不足，教员不够，就把有些课程与萨拉托夫大学的相关课程合并上课，或者聘请兼职教师。食品和日用必需品的供应日趋紧张，师生们的生活面临巨大困难。尽管如此，大

家依然斗志昂扬，努力工作（学习）。1943年2月1日至22日，学校举行了冬季期末考试。参加考试的学生共1605人次，成绩为5分者占57%，成绩为4分者占27%，及格者占16%。

直到斯大林格勒会战胜利结束后，萨拉托夫的学习才略趋正常。留在列宁格勒市的列宁格勒大学学生，又有一批人先后来到了萨拉托夫。这使本已不足的教室更加拥挤。学校开始实行二部制：自然科学各系从上午8点到下午2点上课；文科各系从下午2点到晚上8点上课。各系都制定了新的教学计划，各教研室一共编写了两百多份教学大纲。

1943年，苏军在各条战线全面反攻得手，战线大大前移，德军转入全面防御，战争发生根本转折。此时的萨拉托夫已是遥远的后方。1943—44学年开始时，萨拉托夫大学内的教学开始能完全按教学计划进行。学生陆续来校，人数大有增加：到1943年10月1日，学生总数已达1373人（一年级814人，二年级204人，三年级115人，四年级109人，五年级131人）。

在萨拉托夫，尽管设备不足，器材短缺，人手不够，但是，学校的教学、科研人员克服重重困难，胜利完成了大量的、多方面的工作。科研工作的蓬勃开展，促使数学和力学研究所、物理研究所、生物研究所、生理研究所、地表研究所、经济地理研究所、化学研究所到1943年春季即已先后恢复。科研工作依旧遵循反法西斯战争以来的宗旨和指导思想：为国防服务，

油母页岩

为国民经济效力。此时的科研工作有了一个新的特点,即联合攻关。例如,数学专家和地理专家齐心协力,形成了瓦斯勘查的数学理论。物理学家、化学家、数学家和地理学家一起,共同研究油母页岩的课题。

这段时期,学校还出版了 20 本教材和教学参考书,140 本学术专著。每逢重大节日和纪念日,都举行各种学术报告会。仅 1943 年一年,在各种学术报告会上,就宣读了 300 份论文。在这一年,全校有 13 位教师当选为苏联科学院院士和通讯院士。

列宁格勒大学的师生还在萨拉托夫市和萨拉托夫省的居民群众中和苏军战士中大力开展文化教育工作。为此,学校于 1943 年春季获得了萨拉托夫市委授予的红旗。

1944 年 2 月,在战火纷飞的时刻,迎来了列宁格勒大学建校 125 周年。此时,列宁格勒大学荣获列宁勋章,这是党和政府对学校在发展苏联科学和文化、在为祖国培育了众多英才所建功勋的表彰。另外,还有 37 位教学人员获得苏联勋章。大学在科研上的贡献,从一批教授当选为科学院院士可以得到佐证。仅 1944 年春天,列宁格勒大学就有 13 人当选为科学院院士。2 月 24 日,在萨拉托夫市车尔尼雪夫斯基歌剧和芭蕾舞剧院,召开了列宁格勒大学建校 125 周年纪念暨获得列宁勋章庆祝大会。与会的全体师生,回忆起建校 125 年来的漫漫长路,回忆起反法西斯战争爆发后两年多的艰辛历程,他们十分自豪,无比激动。置身萨拉托夫,面临即将到来的最后胜利,他们感到:

苏联勋章

战地黄花分外香，烽火弦歌最雄壮！

值得一提的是，在叶拉布加分校，一些资深的教授和学者被安排到中亚的博罗沃耶，那儿的工作和生活条件都使他们难以适应。但是，在极其困难的战时环境中，他们依旧拼搏在科研战线的前沿，继续完成早在列宁格勒被围困之时就已开始了的研究工作。在那里，阿列克谢耶夫完成了他的力作《列宁格勒大学的汉学研究》，更有意义的是他的另一部专著《中国的文化》，也在这一时期出版。

1944年1月，苏军重创列宁格勒四围的德寇。随着反法西斯战争的节节胜利，列宁格勒已不再是围城，也不复是前线，而成了稳固的后方。从而结束了敌军对这个城市长达近900天的包围。市内百废待兴，列宁格勒大学也在准备重返这座古老的、英雄的城市。

1944年春，教育人民委员下令：列宁格勒大学着即由萨拉托夫迁回原址。复校工作经过精心安排，于1944年5月至6月间顺利进行。5月底，列宁格勒大学萨拉托夫校本部、叶拉布加分校以及博罗沃耶的一批列宁格勒大学的院士教授，均先后回到了列宁格勒。从萨拉托夫和叶拉布加回到列宁格勒的师生员工约2千余人。这一年，几乎无假期可言。全部时间和一切人力都投入到了紧张、忙碌但又令人欢快喜悦的复校工作上面了。

1944年6月7日，苏联人民委员会通过了《关于加强国立列宁格勒大学的措施》。根据这一决定，国家拨款200万卢布，用于学校修建恢复工作。由于列宁格勒到处都需要建筑工人，因此，学校的重建工作只得自己动手。在萨拉托夫时，学校为了培养建筑人才，就已成立了一所专门学校，培养泥瓦工、油漆工，学员近60人。返回列宁格勒之后，又成立了一所建筑学校。当时有两个鼓舞人心的口号，一是："掌握建筑专业！"另一是："重建美丽校园！"全校师生以战斗的姿态投入这一工作，到1944年10月2日新学年

走进科学的殿堂

开始时,教室和实验室已基本整修一新。

新的学年在修葺一新的、大家熟悉而又亲切的校园里开始了。从萨拉托夫、叶拉布加归来的人与留守在列宁格勒的人又聚会在一起了。三载离别,今朝重逢,他们的内心充满喜悦和自豪之情。

圣大风云

科坛之光

俄国革命的讲坛——圣彼得堡大学

数学派的创始者

帕夫努季·利沃维奇·切比雪夫（1821.5.26—1894.12.8），俄国数学家，机械学家，圣彼得堡科学院院士。他是许多国家科学院的外籍院士和学术团体成员。1890年荣获法国荣誉团勋章。

1821年5月16日，切比雪夫出身于贵族家庭，他的祖辈中有许多人立过战功。父亲列夫·帕夫洛维奇·切比雪夫曾经参加过抵抗拿破仑入侵的卫国战争，母亲阿格拉费娜·伊万诺夫娜·切比雪娃也出身名门，他们共生育了五男四女，切比雪夫排

切比雪夫

拿破仑

科坛之光

行第二。他的一个弟弟弗拉季米尔·利沃维奇·切比雪夫后来成了炮兵将军和彼得堡炮兵科学院的教授，在机械制造与微震动理论方面颇有建树。

切比雪夫生来左脚就有残疾，因而童年时代的他经常独坐家中，养成了在孤寂中思索的习惯。他有一个富有同情心的表姐，当其余的孩子们在庄园里嬉戏时，表姐就教他唱歌、读法文和做算术。一直到临终，切比雪夫都把这位表姐的像片珍藏在身边。

1832年，切比雪夫全家迁往莫斯科。为了孩子们的教育，切比雪夫的父亲请了一位相当出色的家庭教师波戈列日斯基，他是当时莫斯科最有名的私人教师和几本流行的初等数学教科书的作者。切比雪夫从家庭教师那里学到了很多东西，并对数学产生了强烈的兴趣。

1837年，16岁的切比雪夫进入莫斯科大学，成为哲学系物理数学专业的学生。在大学阶段，数学家布拉什曼对他有较大的影响。他是莫斯科数学会及其刊物"数学文集"的创始人，1855年成为彼得堡科学院通讯院士。1865年9月30日切比雪夫曾在莫斯科数学会上宣读了一封信，信中把自己应用连分数理论于级数展开式的工作归因于布拉什曼的启发。在大学的最后一个学年（1841年），切比雪夫递交了一篇题为方程根的计算的论文，在其中提出了一种建立在反函数的级数

莫斯科一景

展开式基础之上的方程近似解法,因此获得该年度系里颁发的银质奖章。

　　大学毕业之后,切比雪夫一面在莫斯科大学当助教,一面攻读硕士学位。在此同时,切比雪夫家在卡卢加省的庄园因为灾荒而破产了。切比雪夫不仅失去了父母方面的经济支持,而且还要负担两个未成年弟弟

莫斯科大学一景

的部分教育费用。1843 年,切比雪夫通过了硕士课程的考试,并在刘维尔的《纯粹与应用数学杂志》上发表了一篇关于多重积分的文章。1844 年,他又在格列尔的同名杂志上发表了一篇讨论"泰勒级数收敛性"的文章。1845 年,他完成了硕士论文《试论概率论的基础分析》。

　　1845 年,切比雪夫在其硕士论文中借助十分初等的工具——$\ln(1+x)$ 的麦克劳林展开式,对雅格布·伯努利大数定律作了精细的分析和严格的证明。一年之后,他又在格列尔的杂志上发表了"概率论中基本定理的初步证明"一文,文中继而给出了泊松形式的大数定律的证明。

1846年，切比雪夫接受了彼得堡大学的聘请，担任助教职务，从此开始了在这所大学教书与研究的生涯。他的数学才干很快就得到在这里工作的布尼亚科夫斯基和奥斯特罗格拉茨基这两位数学前辈的赏识。1847年春天，在题为"关于用对数积分"的晋职报告中，切比雪夫彻底解决了奥斯特罗格拉茨基不久前才提出的一类代数无理函数的积分问题，他因此被提升为高等代数与数论讲师。他在文章中提出的一个关于二项微分式积分的方法，今天可以在任何一本微积分教程之中找到。1849年5月27日，他的博士论文"论同余式"在彼得堡大学通过了答辩，数天之后，他被告知荣获彼得堡科学院的最高数学荣誉奖。

切比雪夫引出的一系列概念和研究题材为俄国以及后来苏联的数学家继承和发展。А. А. 马尔科夫对"矩方法"作了补充，圆满地解决了随机变量的和按正态收敛的条件问题。李雅普诺夫则发展了特征函数方法，从而引起中心极限定理研究向现代化方向上的转变。以20世纪30年代 А. Н. 柯尔莫哥洛夫建立概率论的公理体系为标志，苏联在这一领域取得了无可争辩的领先地位。近代极限理论——无穷可分分布律的研究也经 С. Н. 伯恩斯坦、А. Я. 辛钦等人之手而臻于完善，成为切比雪夫所开拓的古典极限理论在20世纪抽枝发芽的繁茂大树。关于切比雪夫在概率论中所引进的方法论变革的伟大意义，苏联著名数学家柯尔莫哥洛夫在"俄罗斯概率科学的

А. Н. 柯尔莫哥洛夫

发展"一文中写道："从方法论的观点来看，切比雪夫所带来的根本变革的主要意义不在于他是第一个在极限理论中坚持绝对精确的数学家棣莫弗、拉普拉斯和泊松的证明与形式逻辑的背景是不协调的，他们不同于雅格布·伯努利，后者用详尽的算术精确性证明了他的极限定理），切比雪夫的工作的主要意义在于他总是渴望从极限规律中精确地估计任何次试验中的可能偏差并以有效的不等式表达出来。此外，切比雪夫是清楚地预见到诸如'随机变量'及其'期望（平均）值'等概念的价值，并将它们加以应用的第一个人。这些概念在他之前就有了，它们可以从'事件'和'概率'这样的基本

雅各布·伯努利

概念导出，但是随机变量及其期望值是能够带来更合适与更灵活的算法的课题。"

切比雪夫对解析数论的研究集中在他初到彼得堡大学任教的头四年内，当时他正担任着高等代数与数论的讲师，同时兼任欧拉选集数论部分的编辑；后一任命是布尼亚科夫斯基向彼得堡科学院推荐的。1849年，欧拉选集的数论部分在彼得堡正式出版了。切比雪夫为此付出了巨大的心血，同时他也从欧拉的著作中体会到了深邃的思想和灵活的技巧结合在一起的魅力，特别是欧拉所引入的ξ函数及用它对素数无穷这一古老命题所作的奇妙证明，吸引他进一步探索素数分布的规律。

理论联系实际是切比雪夫科学工作的一个鲜明特点。他自幼就对机

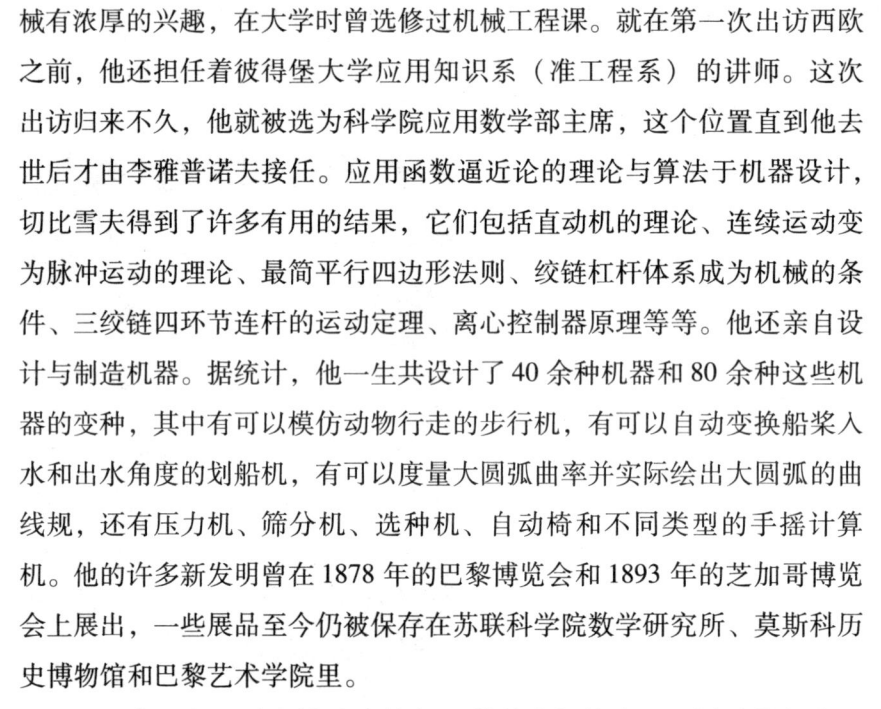

械有浓厚的兴趣,在大学时曾选修过机械工程课。就在第一次出访西欧之前,他还担任着彼得堡大学应用知识系(准工程系)的讲师。这次出访归来不久,他就被选为科学院应用数学部主席,这个位置直到他去世后才由李雅普诺夫接任。应用函数逼近论的理论与算法于机器设计,切比雪夫得到了许多有用的结果,它们包括直动机的理论、连续运动变为脉冲运动的理论、最简平行四边形法则、绞链杠杆体系成为机械的条件、三绞链四环节连杆的运动定理、离心控制器原理等等。他还亲自设计与制造机器。据统计,他一生共设计了40余种机器和80余种这些机器的变种,其中有可以模仿动物行走的步行机,有可以自动变换船桨入水和出水角度的划船机,有可以度量大圆弧曲率并实际绘出大圆弧的曲线规,还有压力机、筛分机、选种机、自动椅和不同类型的手摇计算机。他的许多新发明曾在1878年的巴黎博览会和1893年的芝加哥博览会上展出,一些展品至今仍被保存在苏联科学院数学研究所、莫斯科历史博物馆和巴黎艺术学院里。

1853年,切比雪夫被选为彼得堡科学院候补院士,同时兼任应用数学部主席。1856年成为副院士。1859年成为院士。他还是彼得堡和莫斯科两地数学会的热心支持者。他发起召开的全俄自然科学家和医生代表大会对于科学界之间的相互了解与科学在民众中的影响起到了很大的作用。切比雪夫曾先后六次出国考察或进行学术交流。他与法国数学界联系甚为密切,曾三次赴巴黎出席法国科学院的年会。1872年,在他到彼得堡大学任教25周年之际,学校授予他功勋教授的称号。1882年,切比雪夫在彼得堡大学执教35年之后光荣退休。

35年间,切比雪夫在彼得堡大学教过数论、高等代数、积分运算、椭圆函数、有限差分、概率论、分析力学、傅里叶级数、函数逼近论、工程机械学等十余门课程。他的讲课深受学生们欢迎。李雅普诺夫评论道:"他的课程是精练的,他不注重知识的数量,而是热衷于向学生阐

明一些最重要的观念。他的讲解是生动的、富有吸引力的，总是充满了对问题和科学方法之重要意义的奇妙评论。"

他于 1860 年、1871 年与 1873 年分别当选为法兰西科学院、柏林皇家科学院的通讯院士与意大利波隆那科学院的院士，1877 年、1880 年、1893 年分别成为伦敦皇家学会、意大利皇家科学院与瑞典皇家科学院的外籍成员。同时他也是全俄罗斯所有大学的荣誉成员、全俄中等教育改革委员会的成员和彼得堡炮兵科学院的荣誉院士。

切比雪夫终身未娶，日常生活十分简朴，他的一点积蓄全部用来买书和制造机器。每逢假日，他也乐于同侄儿女们在一起轻松一下，但是他最大的乐趣是与年轻人讨论数学问题。1894 年 11 月底，他的腿疾突然加重，随后思维也出现了障碍，但是病榻中的他仍然坚持要求研究生前来讨论问题，这个学生就是后来成为俄国在代数领域中的开拓者——格拉韦。1894 年 12 月 8 日上午 9 时，这位令人尊敬的学者在自己的书桌前溘然长逝。他既无子女，又无金钱，但是他却给人类留下了一笔不可估价的遗产——一个光荣的学派。现在，俄罗斯已经是一个数学发达的国家，俄罗斯数学界的领袖们仍以自己被称为切比雪夫和彼得堡学派的传人而自豪。

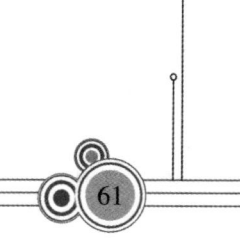

走进科学的殿堂

卓越化学家门捷列夫

在中学化学教科书中，都附有一张"元素周期表"。这张表揭示了物质世界的秘密，把一些看来似乎互不相关的元素统一起来，组成了一个完整的自然体系。它的发明，是近代化学史上的一个创举，对于促进

科坛之光

元素周期表

化学的发展，起了巨大的作用。看到这张表，人们便会想到它的最早发明者——德米特里·伊凡诺维奇·门捷列夫（1834.2.7—1907.2.2）。人们永远铭记这个伟大的名字，不仅因为他发现了化学元素周期律，也不仅因为他的伟大预言变成了现实，更重要的是因为他具有一种不屈不

挠、终身努力、为科学献身的崇高精神。

门捷列夫一生著述丰富，为后人留下了400多种（包括部、篇）科学著作。门捷列夫为了人类的进步事业，为了祖国的繁荣富强，献身科学，终身努力，直到1907年2月2日因心肌梗塞而停止呼吸，离开人世，他手中还紧紧握着那支永不停息的笔！

门捷列夫的一生，用他自己的实际行动，实践了他"人的天资越高，他就越应该多为社会服务"的诺言。也正因为如此，门捷列夫的逝世，使整个俄国震动极大。

在门捷列夫出殡的那天，尽管寒风凛冽，气温已在摄氏零下20多度，几万科学家、大学生、各界人士和普通市民，仍然自发前来送葬。大学生们还抬着巨大的木牌，上面是巨幅的化学元素周期表，走在队伍的前面，以象征死者一生的主要功绩。

门捷列夫

不幸的童年生活

1834年2月8日，在西北利亚的托波尔斯克市的一个知识分子家庭，诞生了一个新的生命。然而，这个新生命的降临，并未给这个家庭带来任何欢乐，因为他已是这个家庭中的第14个孩子了。

孩子的父亲叫伊凡·巴甫洛维奇·门捷列夫，在这个边远小城镇的一所中学当校长。母亲玛丽亚·德米特里耶芙娜是一位身体健壮、意志坚强、聪明能干而又性格开朗乐观的妇女。这个家庭虽然子女很多，当时总算还过得去。

西伯利亚风光

不幸的是，就在门捷列夫出生后不久，父亲因患白内障而双眼失明，不得不退职回家养病。这对这个子女众多的大家庭来说确实是一个沉重的打击。这时，母亲挺身而出，挑起了家庭重担。她从她的哥哥手中接收过来一家即将倒闭的小型玻璃厂，并将全家迁到厂区阿列姆兹雅恩斯克（托波尔斯克近郊的农村）居住。凭着玛丽亚的经营才能，经过一段时间的整顿，工厂的生产效益大有起色，所生产的玻璃器皿很快打开了销路。能干的玛丽亚不仅维持了一家人的生活；又使丈夫的眼睛经过治疗，视力开始恢复；还为工厂工人建立了教会。

幼小的门捷列夫整天跟着妈妈，在玻璃厂里东奔西窜。每当看到那

俄国革命的讲坛——圣彼得堡大学

些沙子经过化学处理，经过加热熔炼，变成透明的液体，然后变成漂亮的玻璃器皿的时候，他就感到特别新奇，常常看得入迷，不愿离开。他的一个姐姐与一位被沙皇政府流放到此地的爱好自然科学的十二月党革命者结了婚。从姐夫那里，门捷列夫了解了不少自然科学知识，并对其产生了很大的兴趣。

1841年，7岁的门捷列夫和他最小的哥哥一起进入8年制的托波尔斯克中学读书（按沙皇政府规定的学制，学校从小学到中学相连接，中学毕业后可直接升入大学）。在学校里，由于他体质很差，经常生病，成绩并不太好。但是门捷列夫的记忆力很强，对数学、物理、化学和历史等课程很感兴趣，常常受到老师的夸奖；而对语文，特别是拉丁语很不喜欢，所以每次考试成绩都很差。虽然如此，门捷列夫却很喜欢学习，学校图书室的藏书，几乎被他读遍了。

门捷列夫在学校读书的时候，一位很有名的化学教师，经常给他们讲课。热情地向他们介绍当时由英国科学家道尔顿始创的新原子论。由于道尔顿新原子学说的问世，促进了化学的发展速度，一个一个的新元素被发现了。化学这一门科学正激动着人们的心。这位教师的讲授，使门捷列夫的思想更加开阔了，决心为化学这门科学献出一生。

在门捷列夫念书期间，家中接连地发生了一连串的不幸：

道尔顿

科坛之光

走进科学的殿堂

1847年秋，父亲因患肺结核病故；3个月后，他的大姐——母亲的得力助手也因病去世；不久，更糟糕的事情发生了：全家唯一的经济收入来源——玻璃厂因失火而被烧毁。一家人的生活顿时又陷入了十分困难的境地。

千里求学

接踵而至的不幸，使母亲玛丽亚的身体越来越衰弱。尽管家庭经济十分困难，她仍然咬紧牙关让儿子念完了中学。1849年，门捷列夫中学毕业了。这时，他的哥哥、姐姐都已成人：或已离开托波尔斯克出外谋生，或已出嫁，玛丽亚身边只留下门捷列夫和他最小的姐姐两人。母亲知道儿子的志向，为了让儿子能够上大学，得到深造，将来成为出类拔萃的科学家，最后决心离开家乡，迁到大城市去。

这年的夏天，玛丽亚将工厂作了清算，在朋友的帮助下，带上门捷列夫和她的小女儿丽莎，坐着马车向莫斯科启程了。经过2000多公里的艰苦跋涉，终于来到了莫斯科。但因门捷列夫毕业的学校不在指定的校区之内，被拒绝报考莫斯科大学。1850年，玛丽亚无奈，只好带着儿子上彼得堡去。

莫斯科一景

科坛之光

俄国革命的讲坛——圣彼得堡大学

在彼得堡，门捷列夫这位来自穷乡僻壤的穷学生，同样被彼得堡大学拒之门外。后来通过熟人介绍，门捷列夫前往彼得堡医学院报考，总算被录取了。然而，当门捷列夫一走进医学院的外科解剖室，一看到那些解剖的尸体，就立即晕了过去。医学院说他连做一个外科医生的起码条件都不具备，不肯收录他。门捷列夫只好放弃这个机会，又去报考亡父的母校——彼得堡师范学院。本来这所学校因学生参加了政治问题的讨论而被沙皇政府下令暂停招收新生。幸运的是，该校校长就是门捷列夫亡父的同学，经校长的奔波，门捷列夫终于被同意考入了这所师范学院的物理、数学系；并还得到了政府津贴住宿生的待遇。

看到儿子有了着落，玛丽亚那颗悬着的心才算放了下来，并祝福儿子有一个美好的未来。然而，此时她已贫困潦倒，住在一间又小又暗的房子里，勉强度日。可是没过多久，因为长年劳累过度，加上长途奔波，玛丽亚得了伤风病，于1850年9月20日丢下小儿子和小女儿，便匆匆地离开了人世。

门捷列夫画像

这个打击，对刚刚跨进大学门坎的门捷列夫来说，实在是太沉重了！

1887年，门捷列夫曾在他所著的《水溶液比重的研究》一书的前言中，以诚挚、深沉的语言，悼念他死去的母亲："这部著作是一个儿子献给母亲的纪念品。为了使这一个儿子能得到很好的科学教育，她曾经费尽了最后的精力。临终时，她还叮嘱说：'不要幻想，要勤

奋工作，不懈地寻求科学的真理吧.'……我将永远记着母亲临终的遗言。"母亲勤劳善良、坚韧不拔的精神品质对门捷列夫产生了巨大而深远的影响。可以这么说，没有母亲的努力和支持，就没有门捷列夫后来的成就。

当时对于举目无亲又无财产的门捷列夫来说，学校成了他的家。还算幸运的是住宿生的衣、食、住以及医疗费都由学校负担，尽管经济上还存在着许多困难，但它却使门捷列夫得以坚持学习，完成学业。师范学院附属于彼得堡大学，由历史、语文和物理数学系组成，学生只有100多人，大部分教授都是由大学部派来兼任，所以有不少著名学者为他们上课。在这些著名学者的指导下，门捷列夫进步很快。

进入师范学院的第一年，由于来自穷乡僻壤，因中学教学水平较差造成门捷列夫基础薄弱，加上母亲病逝带给他的痛苦，门捷列夫的学习成绩很不好，全班28名学生，他的成绩排倒数第4名。但他没有丧失信心，他牢牢记住母亲临终的话，奋起直追，整天沉浸在学习之中，很快就扭转了落后状况而成为优秀学生。每当老师和同学们谈起门捷列夫努力学习的精神、刻苦钻研的毅力和广博的知识时，无不赞叹不已。

门捷列夫在大学学习期间，表现出了坚韧、忘我的超人精神。在他念大学三年级时，被诊断出患了肺结核。在此前一年，他的姐姐丽莎因肺病身亡，只剩下门捷列夫孤零零一个人留在彼得堡。疾病折磨着门捷列夫，由于丧失了无数血液，他一天一天的消瘦和苍白了。可是，在他贫血的手里总是握着一本化学教科书。那里面当时有很多没有弄明白的问题，缠绕着他的头脑，似乎在召呼他快去探索。在病床上坚持学习、写作论文，到毕业时成绩仍然居于全班首位，并荣获了金质奖章！他在用生命的代价，在科学的道路上攀登着。他说，我这样做"不是为了自己的光荣，而是为了俄国名字的光荣。"——过了一段时间以后，门捷列夫并没有死去，反而一天天好起来了。最后，才知道是医生诊断的错误，而他得的不过是气管出血症罢了。

在师范学院学习时，门捷列夫对化学产生了独特的兴趣，并写过两篇有关矿石化学成分和化学分析方面的研究论文，受到化学教授们的好评。他的毕业论文也得到科学院院士的好评，于毕业后的第二年（1856年）在《矿业杂志》上发表，并于同年出版了单行本。从此，他立志做一个化学家。

年轻的教授

尽管母校的教授都希望把门捷列夫留在学校，走学者的道路。但根据国家的规定——凡享受津贴的学生，毕业后必须担任 8 年的中学教师，国民教育部还是将他分配去了克里米亚的敖德萨中学当了一名自然

克里米亚一景

走进科学的殿堂

科学教师。当时,克里米亚战争正在进行,学生们忙于逃难,中学停了课。这种既无教学任务又无书看的闲散生活,反而使本来身体有病的门捷列夫的健康状况有了显著的好转。此时,门捷列夫产生了进一步深造的想法,这使他的整个人生道路也发生了巨大变化。

1856年5月,门捷列夫请假赴彼得堡大学参加化学硕士学位的考试。9月,他提交了论文《论比容》,并顺利通过了论文答辩。历史对门捷列夫开了一个大玩笑,这位曾被彼得堡大学拒之门外的偏远小镇的穷学生,终于以其优异的成绩和出众的才能,博得校委会的一致赞同,授予门捷列夫"物理和化学硕士"学位。同年10月,他又获准在彼得堡大学发表《论含硅化合物的结构》的学术报告,并被批准为化学副教授。于是,年仅23岁的门捷列夫,于1857年1月登上了俄罗斯最高学府——彼得堡大学的讲坛。

1859年1月,门捷列夫被派往法国的巴黎大学和德国的海德堡大学的化学实验室进行研究工作。在国外的两年时间里,他利用外国精密

巴黎大学

的仪器进行实验，写了几篇关于液体凝聚力与膨胀方面的论文，与当时

海德堡大学一景

许多著名的化学家有了一些接触，并于1860年秋有幸参加了在德国卡尔斯鲁厄召开的世界第一次国际性化学会议。这一切都让他受益非浅。面对当时化学界缺乏统一的理论指导的现状，门捷列夫暗自确立了目标，决心在理论上有所建树。这也是他留学时期最大的收获。

1861年2月，结束在国外的研究生活，门捷列夫回到彼得堡大学，讲授有机化学课程，并着手编写讲义，不久完成《有机化学教程》教科书。

1865年3月，门捷列夫提交了博士学位论文《关于酒精与水的化合》，被彼得堡大学授予科学博士学位。几个月后，年仅31岁的门捷列夫被晋升为教授。1867年10月，他又接替沃斯克列森斯基的位置，被任命为无机化学的教授。

走进科学的殿堂

作为一位教师，门捷列夫富有教学的天才。每当他上课，教室里总是挤满了各系各年级的学生。学生们常以能听他讲课而感到自豪和骄傲。因为他讲课既生动风趣，又知识渊博，常常旁征博引，讲课内容涉及力学、物理学、天文学、天体物理学、宇宙起源论、气象学、地质学、动植物的生理学和农业学以及技术的各部门，如航空和炮兵学等等，充满了启迪人思想的科学观点，深受学生们的欢迎。门捷列夫也竭尽全力，热心培养科学的接班人。他曾表示："我要把生命的宝贵时光和全部精力贡献给教育事业。"

确立化学元素周期律

攀登科学高峰的路，是一条艰苦而又曲折的路。门捷列夫在这条路上，也是吃尽了苦头。门捷列夫作为一名享誉世界的卓越化学家，不仅因为他提出了溶液水化理论和发现了临界温度，更主要的是因为他确立了化学元素周期律。

1868年，当门捷列夫担任无机化学教授以后，开始讲授"无机化学"课程。而当时大学没有俄文版的无机化学教科书。所使用的教材杂乱无章，内容也很陈旧，没有反映出化学科学发展的新成果。他决定自己编写一本无机化学的教科书。在编写教科书的过程中，他一直在思考着一个重要问题：那就是如何将元素进行科学分类，并找出它们之间的规律，使学生学习化学元素知识时，有规律可循。这些问题，当时的化学界正处在探索阶段。

近50多年间，各国的化学家们，为了打开这秘密的大门，进行了顽强的努力。19世纪中期，人们已经发现了钾、钠、钡、镁、硫、氯、碘等63种元素。随着原子量测定的逐步发展，化学元素的发现逐渐增多，元素性质的研究也逐步深入，为寻找原子量与化学性质之间关系的规律提供了条件。因此，各国的化学家们作了大量的探索，提出了元素的多种分类体系。例如：1829年德国化学家德贝莱纳提出了"三元素组"的分类方法；1862年法国地质学家尚古多也制作了名叫"碲的螺旋图"的元素分类图；1864年德国化学家迈耶尔亦完成了"六元素表"；1866年英国化学家纽兰兹又发表了他的"八音律表"等等。但这些分类体系都未能完善地体现出元素周期律的实质，因此，并未引起科学界的重视，反而招来了很多嘲笑。

当时正在编写无机化学教科书的门捷列夫，对此不仅没有嘲笑，反而引起了极大兴趣，并为此花费了极大的精力。他不分昼夜地研究着，探求元素的化学特性和它们的一般的原子特性，然后将每个元素记在一张小纸卡上。他企图在元素全部的复杂的特性里，捕捉元素的共同性。

那段时期，门捷列夫的大部分时间并不是在实验室里度过的，而是将自己关在书房里，手里总是捏着那副"纸牌"，颠来倒去，理好了又打乱，乱了再重排。就这样，他不知度过了多少个不眠之夜，很多人觉得他这样不可理解，怀疑他是否精神失常，不然，为什么成天这样迷恋"扑克牌"呢！后来人们才惊奇地发现，他手中玩的并不是普通的纸牌，而是详细地记载着63种化学元素名称、性质和原子量并分别涂上各种颜色的卡片，每张卡片代表着一种化学元素。门捷列夫成天摆弄着它们，吸取前人的经验和长处，采用各种不同的元

门捷列夫铜像

素分类方法进行排列——或按元素同氢、氧的关系分类；或按元素的金属性、非金属性进行分类；或按元素的活动性顺序分类；或按原子价进行分类等等，左排右排，不断调整着纸牌的位置，寻找着化学元素之间最根本的规律。虽然他的研究，一次又一次地失败，可他不屈服，不灰心，坚持干下去。

他的心血不会白费，在1869年2月19日，他终于发现了元素周期律。当门捷列夫将这些"纸牌"按照原子量从小到大的顺序排列时，才真正发现了其中的奥秘——元素的性质呈现出周期性的变化规律。于是，他正式编制出了世界上的第一张化学元素周期表，并散发给俄罗斯的许多物理学家和化学家，征求他们的意见。同年3月18日，俄国化学会举行学术报告会。门捷列夫因过度劳累病倒了，未能出席。但他委托彼得堡大学门许特金教授代他宣读了《元素性质和原子量的关系》的论文。

这篇后来被人们称为"化学史上划时代的文献"的论文，当时不仅没有引起俄国化学家们的重视，相反招来了许多冷嘲热讽。就连俄国最有声望的化学家、门捷列夫的导师齐宁教授也严厉地训斥他搞这种纯理论研究是"不务正业"，要他赶快收手，去"干正事"。

面对化学家们的冷眼、指责和嘲讽，门捷列夫虽然整天闷闷不乐，但他却没有气馁，丝毫没有动摇自己的信念，仍然继续玩弄着那个伟大的"纸牌"游戏。每当遇到哪个地方的顺序接不上时，他便认真分析、比较，然后大胆地预言，这里一定还有一种未被发现的新元素。并且对其中的3个新元素——类硼（钪）、类铝（镓）、类硅（锗），还预言了它们所具有的一些性质和实验发现的方法。1871年，他又将这些大胆的预言写进论文《化学元素的周期性依赖关系》，并在第一张元素周期表的基础上，进行修正、补充，编制出了第二张化学元素周期表，而这张周期表已与现代周期表的形式十分相近了。

俄国革命的讲坛——圣彼得堡大学

然而,这篇"经典性论文"发表后,再一次招来了俄国化学界权威人士的训斥和嘲讽。但真理的阳光是任何乌云都遮挡不住的。门捷列夫顶着巨大压力和重重阻力,继续探索着,就在他预言后的四年,法国化学家布阿勃朗用光谱分析法,从门锌矿中发现了镓。实验证明,镓的性质非常像铝,也就是门捷列夫预言的类铝。此后的10多年内,门捷列夫预言的另外两种未知元素(类硼、类硅)相继被发现,而测定出的它们的物理、化学性质,与门捷列夫根据元素周期表所预言的又是那么的一致。它充分说明元素周期律是自然界的一条客观规律;为以后元素的研究,新元素的探索,新物资、新材料的寻找,提供了一个可遵循的规律。元素周期律像重炮一样,在世界上空轰响了!门捷列夫以其科学的预见,建立了化学元素周期律,使化学科学的发展进入到一个崭新的时代。

门捷列夫发现了元素周期律,在世界上留下了不朽的光荣,人们给他以很高的评价。恩格斯在《自然辩证法》一书中曾经指出。"门捷列

黑格尔 　　　　　　　勒维烈

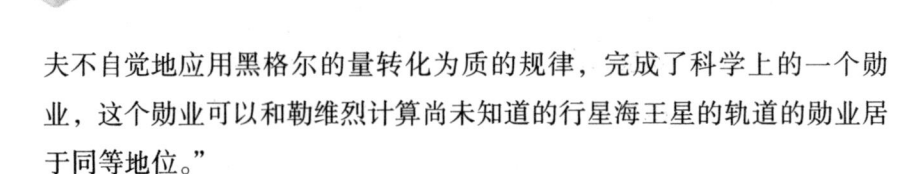

夫不自觉地应用黑格尔的量转化为质的规律，完成了科学上的一个勋业，这个勋业可以和勒维烈计算尚未知道的行星海王星的轨道的勋业居于同等地位。"

门捷列夫事件

当化学元素周期律被广泛承认，确立了门捷列夫闻名世界的卓越化学家地位之后，几乎所有的外国科学院，如伦敦科学院、巴黎科学院、柏林科学院、罗马科学院、波士顿科学院等，都纷纷聘请他为名誉院士，赠给他许多奖章；世界上的100多个科学团体还邀请他担任名誉会员。英国皇家学会还授予他金质奖章。

然而，在俄国却出现了一件令人费解的怪事，即门捷列夫始终没有加入本国的彼得堡科学院。原来作为彼得堡大学的著名教授，门捷列夫十分同情并积极支持学生的革命活动。他不是成天困居斗室的书生型学者，而是以一个进步的社会活动家身份密切注视着俄国形势的发展。他是炽热的爱国主义者，也是一切抱残守阙、因循守旧现象的不可调和的敌人。他从1876年就担任彼得堡科学院通讯院士。在俄罗斯著名化学家、科学院院士齐宁教授1880年去世后，按照科学院的规定，院士

门捷列夫

俄国革命的讲坛——圣彼得堡大学

缺额，应予递补。而根据当时对科学的卓越贡献和在国内外的声望影响，理所当然地应该是门捷列夫当选，科学院院士们推荐的也是门捷列夫。但科学院直接听命于沙皇政府，他们对耿直大胆且又不与政府合作的门捷列夫早就耿耿于怀，于是便采取不正当手段，排挤、压制门捷列夫，使门捷列夫落选而另选他人补上。

门捷列夫落选的消息传出后，立即引起了俄国正直科学家们的极大愤慨，同时也受到国际舆论的强烈谴责，抗议俄国科学院的反动势力压制科学家的行为。人们将这起事件称之为"门捷列夫事件"。这件事情发生后，使门捷列夫更加看清了沙皇政府的真实面目。后来彼得堡科学院迫于国际舆论，重新推选门捷列夫为院士时，他断然拒绝。故此，俄罗斯伟大的化学家门捷列夫，一直都不是彼得堡科学院的院士。

1890年3月，彼得堡大学爆发了反对沙皇亚历山大三世的学生运动，门捷列夫立即和其他正直的教授一起，挺身而出，支持学生的进步行动，对学校当局迫害学生民主运动提出抗议；又接受学生的请愿书，并转呈国民教育部，遭到政府的拒绝。这使门捷列夫十分气愤，于是，他愤而辞去了教授职务，离开了他工作了33年的彼得堡大学。这充分表明了他对沙皇政府所执行的政策的反对态度，同时也表明了他与俄国各民主阶层的团结一致。

斯大林曾经说过，一个科学家不一定同时必须是一个政治家。这话固然不无道理。但是，一位真正的科学家，是不可能不关心祖国的命运、民族的尊严和青

沙皇亚历山大三世

科坛之光

走进科学的殿堂

年的前途的,他不可能不关心并在一定程度上参与政治,即使为此付出这种或那种代价。

门捷列夫像所有热爱真理的科学家一样,具有着高度的正义感和民主主义风度。一个举世闻名的大学者,竟不能在自己国家的高等学府里任教,由此可看出当时沙皇统治的反动与黑暗。不过,沙皇政府最后也不能不考虑民众的公愤和社会的舆论,先是将门捷列夫安置到海军部的科学技术实验室工作,后又调到国家标准度量衡贮存库任库长。1893年,"贮存库"改为"度量衡检查总局",门捷列夫又被任命为局长。在这个岗位上,他又勤勤恳恳地工作了14年,通过度量衡标准的鉴定和检查,将自己的科学知识贡献给俄罗斯的工业生产,直到他光辉生命的最后一天。

斯大林

人民没有忘记门捷列夫,列宁格勒大学没有忘记门捷列夫。今天,每年有成千上万的人来到列宁格勒大学门捷列夫博物馆,以敬仰的心情怀念他。

门捷列夫雕塑

科坛之光

俄国革命的讲坛——圣彼得堡大学

俄国生理学之父

彪炳于科学史册的彼得堡大学生理学派的创始人伊凡·米哈伊洛维奇·谢切诺夫（1829.8.1—1905.11.2），是俄国伟大的自然科学实验家，唯物主义思想的坚定捍卫者。在西方科学家驰骋神经心理学领域的同时，俄国科学家谢切诺夫和巴甫洛夫作出了同样伟大的贡献。1869年，谢切诺夫当选为彼得堡科学院通讯院士；1904年，即他谢世的前一年，又被授予名誉院士的称号。

1829年8月1日，谢切诺夫出生在俄国西姆比尔斯克省的库尔梅什县的一个贵族家庭。他自幼性格活泼，天资聪明，爸爸妈妈和老师都很喜欢他。谢切诺夫在圣彼得堡的中心工程学校接受基础教育，1848年毕业，之后在附近的一个工兵营里工作了一段时间。1850年进入莫斯科大学医学系，从此关心心理学问题，并长期从事有关方面的研究。1856年获莫斯科大学生理学位。1856年毕业后到德国继续深造，并从事科学研究工作。当时，沙皇俄国的科学技术还比较落后，一些西方的学者、教授，常常以轻蔑和歧视的眼光看待俄国留学生。有一位叫拉蒙的德国教授，有一次竟冲着他的俄国学生说："长头人种（指德国人）具有一切可能的天才；而短头人

谢切诺夫

科坛之光

种（指俄国人）即使在最好的情况下，也只能有模仿别人的能力……"

莫斯科大学

谢切诺夫听到这种公然蔑视他和他的祖国和荒唐谬论非常气愤，立誓要学好本领，为祖国争光。

1866年谢切诺夫回到俄国，任莫斯科大学生理学副教授。这一时期，谢切诺夫的研究重点是神经系统的反射作用。他先用青蛙作试验，把青蛙的一只后腿放在盛在硫酸的杯子里，结果，这只腿一碰到硫酸就很快缩了回去。这使他联想到其他一系列反射作用现象：人手受到针刺，因为疼痛而很快缩回去；眼睛受到强光照射，就会眨眼；敲击膝腱，小腿就会抬跳起来……。为了搞清反

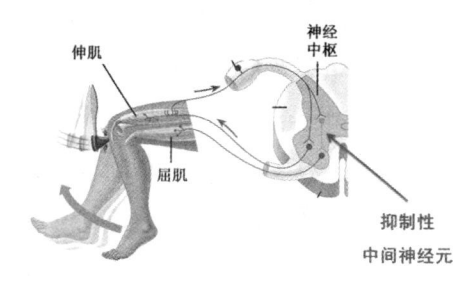

膝跳反射实验

射作用的生理机制，他决定用硫酸在自己身上亲自作一次试验。他叫助手拿来一杯硫酸溶液，自己把手指迅速插进溶液里。众所周知，硫酸溶液是一种强腐蚀剂，人体碰到它，会被烧伤。当谢切诺夫把手指插进硫酸溶液时，只见他咬紧牙关，屏住呼吸，以惊人的意志力，阻止把手缩回来。过了一阵，谢切诺夫感到疼痛的感觉减轻，然后渐渐消失了。这个勇敢的试验，向他提示了一个重要的生理学现象：通过大脑的控制，人对外界的强刺激（生理或心理的）有抑制能力。也就是说，当人的神经系统受到外界的强刺激后，可以不作出相应的反应（动作）。

1866年，谢切诺夫发表了《大脑的反射》一书。这部划时代的心理生理学著作，第一次科学地解释了人的心理现象，指出人们生活中所有的有意识和无意识的活动都是大脑反射作用的结果。他指出，没有外来的最初刺激，反射是不可能发生的。他发现了神经系统的中枢抑制和积聚的现象，论证了新陈代谢过程在引起兴奋方面的作用。谢切诺夫的学说奠定了唯物主义心理学、劳动生理学、年龄生理学、比较心理学和进化生理学的基础。他的著作对俄国自然科学和唯物主义哲学思想的发展有着巨大影响。

谢切诺夫的反射学说提出后，遭到沙皇政府的仇视，《大脑的反射》一书被列为禁书。法庭还控告谢切诺夫，说他把脑子当作器官来研究是不道德的。但是，真理是扼杀不了的，谢切诺夫以自己精确的实验，雄辩地证明了：大脑和神经反射有着十分密切的关系，人的大脑是管理反射的最高司令部。谢切诺夫创立的反射学说，终于得到世界的公认。

谢切诺夫于1876年应聘到彼得堡大学执教，在这里工作达12年之久。他在自传材料中写道："对当时的彼得堡大学，尤其是对它的物理一数学系，我至今仍满怀深深的仰慕之情。"其后，谢切诺夫创立的彼得堡大学生理学学派，由他的得意门生尼古拉·叶夫盖尼叶维奇·韦坚斯基和阿列克赛·阿列克谢耶维奇·乌赫托姆斯基先后领导。谢切诺夫对生理学的另外一项贡献是为俄国生理学的发展开创了良好开端,亲自培养和影响了一批俄国生理学家,其中最著名的便是伟大的巴甫洛夫。

圣彼得堡大学

1905年11月2日,一个大雪纷飞的日子,谢切诺夫的心脏停止了跳动,全世界都为失去这位伟大的科学家而感到悲痛和惋惜。

俄国革命的讲坛——圣彼得堡大学

世界第一生理学家

伊凡·彼得罗维奇·巴甫洛夫（1849.9.14—1936.2.27）俄国生理学家、心理学家、医师、高级神经活动学说的创始人，高级神经活动的心理学的奠基人。他是条件反射理论的建构者，也是传统心理学领域之外而对心理学发展影响最大的人物之一。1904年获诺贝尔生理及医学奖。

他的科学贡献大致分三个时期，属于三个领域，即心脏生理、消化生理和高级神经活动生理。主要著作有《消化腺机能讲义》、《动物高级神经活动（行为）客观研究二十年经验》及《大脑两半球机能讲义》等。

巴甫洛夫

科坛之光

亲恩重如山

1849年9月14日，伊凡·彼得罗维奇·巴甫洛夫出生在俄国中部

的梁赞城的一幢木头房子里。

老巴甫洛夫是一位神父。当时，梁赞共有36座教堂，他管辖的是巴科罗维索科夫斯卡娅教堂的教区。职务虽小，老巴甫洛夫却很珍惜这个称号并且干得很出色，主办各种仪式都得心应手，读经传道也应付自如，他的文章甚至被梁赞的宗教监督局作为范文印发出去。

巴甫洛夫家共4个孩子，另外还有侄子、外甥和其他亲戚一大堆。作为这个人口众多的大家庭的一家之主，老巴甫洛夫将养活这些人视为不可推卸的责任。他使出他那农民干庄稼活的本事，竭力以菜园、苹果园和其他劳动来维持整个家庭的开支，并且教育4个儿子从小就习惯下地干活。巴甫洛夫的母亲除料理家务外还经常外出给富裕人家当佣工。从小伊凡就养成了过简朴生活的习惯。直到垂暮之年，他还是亲自动手生炉子，并生气地唠叨："现在这些人都不会生炉子。"对自己的技术颇为得意。

房子后面是一块空地，巴甫洛夫家的孩子们叫它操场，他们在这儿玩击木游戏（用木棒把方圈里的木柱击出圈的一种游戏）。后来父亲又在操场上给孩子们修了个秋千，挂上铁环，并装上体操用的梯子和杠子，好让孩子们把击木游戏远远消耗不尽的精力派上用场，而不是去干诸如用纸蛇吓人之类的淘气事。自那时起，伊凡便和体操结下了不解之缘。到了中年以后，家人中几乎还只有他一人能双手抓着大厅中悬挂的吊杠，身体悬空，来回倒着手穿过整个大厅。80岁高龄时他仍然步行去研究所，有一次，他在跳过一道水沟时摔断了腿骨，全靠着业余体操运动员的非凡臂力，用双手将身体撑起来，悬空抓着沟边栅栏上的横杠，等了大约一个小时，才等到一辆马车，人们将他抬上车后，他自己将伤腿抬起来，进行了牵引。痊愈之后，虽然行走时是一瘸一拐的，仍没有停止玩击木游戏，只是在打得不好的时候，会生气地叫嚷着埋怨这条该死的腿。

但是，父亲对伊凡影响最大的，并不是这些方面。

老巴甫洛夫订了为数众多的报刊杂志，对每一本书都要通读两遍，这一习惯被伊凡继承了下来并一直恪守不渝。父亲希望儿子们也像他一样爱好读书，为此他亲自加以培养。不知怎的，巴甫洛夫家的孩子们总也闹不明白词尾和各种字母，父亲不得不叫他们不学字母表，改学小书本。克雷洛夫的寓言和其他一些书成了伊凡的认字课本和最早读过的书。

在父亲的藏书中，伊凡找到了一本印有彩色插图的《日常生活中的生理学》，作者刘易斯，写的是些平常无奇的科普知识：呼吸、消化、心脏的工作，但是作者善于利用各种各样离奇的故事来描绘这些科学原理，诸如饥饿的痛苦、吃粘土的人、巡回演出的魔术师、伦敦德里号轮船上12人窒息而死等等奇闻异事令伊凡心醉神迷。想一想自己吞进去的面包、肉、奶在胃和肠道里会有这么多奇遇，最终变成自己身体的建筑材料和力量的源泉，伊凡不禁对这本书描绘的世界产生了莫大的兴趣。这位未来的"世界第一生理学家"将这本书铭记在心，多年以后，需要时仍可整页整页地复述引用其中的篇章。如果伊凡童年时没能邂逅这种描绘精辟而奇特的科学，很难确定是否会出现日后的诺贝尔生理学奖获得者巴甫洛夫院士。

梁赞的神父的藏书室、土地、操场养育了未来的巴甫洛夫院士。更重要的是，当伊凡表示自己的志愿不是研究神学而是研究自然科学时，神父虽然一度很伤心，还是没有为难这个他曾寄予厚望的长子，而是说："随你的便吧，这是你自己的事。"他甚至还以自己步行跋涉近200俄里（1俄里合1.06公里）到梁赞上神学校的往事，鼓励伊凡不要害怕求学路上的困难。

伊凡上彼得堡大学后，只要有机会，每年夏天都要回梁赞度假。漫长的冬天里则给父亲写内容详尽的信。老巴甫洛夫则用他喜爱的拉丁文给儿子回信:"爱儿,知汝在求知之路上阔步向前,欣慰之情油然而生。"

圣彼得堡大学

这种书信往来持续了30年之久。父亲和梁赞始终是巴甫洛夫眷恋怀念的对象。到垂暮之年,伟大的生理学家还常常说"亲恩重如山……"

漫长的求学生涯

伊凡入学比较晚。9岁那年不慎从高台上跌下,在家里养伤休息。直到1860年11岁时,才和9岁的弟弟德米特里一起进了梁赞神学校的一年级,开始了他漫长的求学生涯。

神学校毕业后,兄弟俩又进了一所宗教中学。那时,宗教中学已经不像中世纪的教会学校那样冥顽不化了,除了圣经和宗教史,还教授逻辑学、心理学、教育学、哲学、历史乃至文学。未来的神职人员甚至要

俄国革命的讲坛——圣彼得堡大学

懂得物理和数学，除古老的拉丁语和希腊语之外，还要学法语和德语。当然，辩论课更是必不可少的，伊凡是此中佼佼者，并终身具有这项本领。

在那儿他接触到了许多新的东西——皮萨列夫宣称："万能的自然科学手中掌握着认识整个世界的钥匙"；车尔尼雪夫斯基呼吁"新人"的出现；谢切诺夫发表《大脑的反射》一文，声称灵魂不可能脱离肉体单独存在，肌肉活动完全是机械活动……

伊凡被自然科学迷住了。谢切诺夫成了他的崇拜对象和引路人。1870年中学还没有毕业巴甫洛夫就考入彼得堡大学。因为这位"俄罗斯生理学之父（巴甫洛夫院士语）"住在彼得堡的涅瓦河畔，所以伊凡没有选择近在咫尺的莫斯科大学，而是长途跋涉800俄里投考彼得堡大学。

临行之际，母亲在送给他的一条毛巾上亲手绣了一句话："说老实话，做老实人。"虽然伊凡·巴甫洛夫在科学上容不得半点弄虚作假，生活中为达到自己的目的他倒不介意来些小小的花招。当时，他想进入彼得堡大学物理数学系自然科学专业学习，但这位未来的科学家对数学没有把握，为此他

莫斯科大学一景

科坛之光

走进科学的殿堂

首先申请攻读不需要考数学的法律系，等到入学考试通过，并注了册之后，伊凡向校长提出了早已准备好的转系申请。那位德国校长虽然觉得这年轻人单纯幼稚、拿不定主意，还是批准了这一申请。后来伊凡的两个弟弟也以同样的方式进入了自然科学专业。为此校长很不高兴。从梁赞城来的这些巴甫洛夫们在搞些什么鬼？当时他并没料到日后会有多少人感谢他的手下留情。

彼得堡大学的校园里有无数像伊凡这样来自俄国各地的青年。涌入这所科学大殿堂的人群中，有未来的著名土壤学家瓦西里·多库恰耶夫、出色的数学家亚历山大·利亚普诺夫、植物学家伊万·鲍罗金、无线电发明家亚历山大·波波夫，以及后来成为巴甫洛夫战友的生理学家尼古拉·维坚斯基和他学术上的对手神经学家弗拉基米尔·别赫捷列夫。所有这些人差不多都是和巴甫洛夫同时来到彼得堡大学。

元素周期表的制定者门捷列夫教授化学，布特列洛夫的讲座是有关无机物合成有机物，"反射"学者谢切诺夫在实验室中进进出出……光是见到这些当时俄国科学界的泰斗、听到他们的讲课就已经够令伊凡·巴甫洛夫激动不已了，更何况谢切诺夫还慧眼识人，赞叹他是最好的生理实验家。

当然，在这所大学里的学习是极为紧张的。与伊凡·巴甫洛夫一同来到彼得堡读理科的两个梁赞神学校学生，一个患了忧郁症，总想自杀，最后在医生的建议下转读文科才得救；另一个患精神分裂症，不得不送回老家。伊凡虽具有坚强的性格，但他第一年也不好过，因为经济紧张，需要到校外兼职，生活上精打细算；学习上花的精力太多，春天来临时已精疲力尽，医生坚持让他将第一学年的考试移到秋天，暑假回家好好休息。秋天他顺利地通过了考试，同时开朗活跃的弟弟德米特里也来到了彼得堡大学，伊凡总算适应了大学生活。

伊凡和弟弟德米特里的外表很相似：健壮结实的身材，浓密的栗色

胡子，淡蓝色明澈的眼睛，个性却南辕北辙。伊凡是庄重沉思的，他乐于体验高度的思想集中，体会脑力劳动的甘苦，制订了未来生活的原则并信守不渝。他严谨、耐心，有无限献身于科学的热情，沿着陡峭的山间小道不懈攀登；德米特里则贪图安逸，对繁重的脑力劳动望而却步，宁可选择一条平坦笔直的大道，最终只是一个平庸的化学家。天份最高、教师们非常欣赏的三弟彼得本来可能在鸟类研究上大展鸿图，却不幸因意外事故早亡。

伊凡·巴甫洛夫未来的妻子谢拉菲玛·瓦西里耶夫娜·卡尔切夫斯卡娅这时是彼得堡大学女生班的学员。他们一起去看莎士比亚的戏剧，一起去听屠格涅夫和陀思妥耶夫斯基的演说。卡尔切夫斯卡娅结束学习后到边远省份当了一名乡村教师。

伊凡对人类的生理有着莫大的兴趣，渴望通过科学研究来揭露这一"生命的最高秘密"。二年级时伊凡·巴甫洛夫开始听盼望已久的生理

莎士比亚　　　　　　　　　　屠格涅夫

学课程,讲课人是奥夫相尼科夫院士,实物演示者是齐昂教授,他是一位血液循环的专家兼出色的外科医生,做实验时甚至连雪白的手套也不用摘,完事后可以直接去参加舞会或晚会。伊凡·巴甫洛夫亦步亦趋,练就了第一流的外科技术,常常是周围的人们还刚刚进行准备工作时,他已脱下手术用的手套,洗手去了。他的时间绝大部分都消磨在生理学实验室中,齐昂教授十分欣赏他的技术与热情,越来越多地委托他进行独立研究。他领到了皇家奖学金,在大学的科学讨论会上作科研成果的报告。不过他也付出了相应的代价:他在最后一学年申请自动留级,以便有时间准备毕业考试。

毕业时伊凡·巴甫洛夫已获得自然科学硕士的称号和在俄国任何一个科研单位当实验员的资格。但他没有出去工作,而是进入了当时欧洲最负盛名的学府之一——医学外科学院,上三年级,他想获得医学博士学位,有资格主持生理学讲座。

为获得这一职位,巴甫洛夫花了整整10年时间。1881年他结婚后生活更为困难。他们的经济经常拮据,没有钱买家具、炊具、茶具,不得不长期寄住在弟弟德米特里的寓所里,两个孩子相继夭折,妻子受不了这一打击而长年卧病不起。与此同时他还要应付一场接一场的考试。虽然他的论文答辩成功并于1883年获得医学博士学位,彼得堡却没有空位子给这位未来的大科学家。尽管如此,他仍然坚持科学研究。生活、工作条件的艰苦并不能阻止他探求科学的步伐。为了不去当军医,以便继续从事科研工作,巴甫洛夫四处奔波,几乎已丧失了信心。直到第三次申请时,他才得到一个药理学研究室教授的职位。那一年他已经41岁,历尽艰辛,总算有了自己的实验室。漫长的求学之路走到了尽头,过去数十年里积累的知识将要喷薄而出。

大器晚成

俄国著名临床医师鲍特金主张在医学中进行科学实验，并专门在自己的医院里建立了实验室。1878 年，鲍特金聘请巴甫洛夫到他的临床病理实验室工作，名义上是实验员，实际上是实验室的领导者，在这里，巴甫洛夫主要研究血液循环、消化生理、药理学方面的有关问题。1879 年，他第一次在狗身上成功地安置了一个固定的胰腺瘘管。开始了他积极倡导的慢性生理实验。因为当时生理学实验都是急性的如活体解剖，是在非正常状况下进行的。巴甫洛夫主张只有在正常的状况下才能揭示生理活动的本质规律。为了证明神经对消化腺分泌的控制作用，巴甫洛夫作了一系列实验。由于科学研究工作取得出色成绩，又一次荣获金质奖章，并经考试合格，留医学院深造两年。

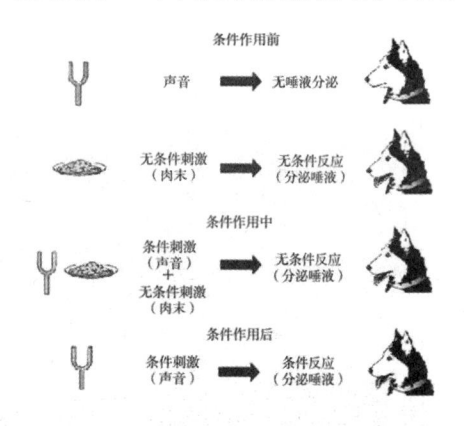

巴甫洛夫的"假喂"实验

1889 年，巴甫洛夫作了著名的"假喂"实验。在此之前鲍特金经常抱怨在消化方面生理学远远跟不上医学发展的需要，应该搞一种能从外部对消化过程进行观察的试验。巴甫洛夫想起了童年时读过的刘易斯的书，书中写到，一个加拿大人打猎时腹部受伤，人活下来了，伤口却愈合得不理想，因为胃壁和皮肤长到了一起，形成一个瘘孔，通过这个孔可以看清胃里发生的一切。巴甫洛夫从这儿得到启发，在实验用狗的胃壁和食道上各开了一个孔，给狗喂食时，食物不能到达胃，而是从食

走进科学的殿堂

道上的瘘孔漏了出来,但胃已收到信号并大量分泌消化食物所必需的胃液,这样就可以从胃壁上的瘘孔里提取没有食物杂质的纯胃液。但如果切断通向胃的神经,胃液就不再分泌了。

通过这种令人惊讶的"假喂"实验,巴甫洛夫成功地证明胃的功能决定于神经系统并且受它控制。这一实验是伟大的科学家在今后具有重大意义的生理学实验中的第一个环节,自此以后他便致力于消化过程的研究了。他迫切地希望建立自己的实验室,因为在鲍特金的医院里,"搞不清什么是自己的,什么是别人的"(巴甫洛夫语)。但直到1890年他才如愿以偿。

巴甫洛夫教授主持的药理教研室,位于涅瓦河畔尼日格勒斯卡亚大

涅瓦河风光

街上一座古老的楼房内,高而窄的窗户俯瞰着涅瓦河。每天一清早,巴甫洛夫就沿着宽阔的楼梯跑上二楼,直奔长廊尽头的办公室。设备和资金总是不足,但是比起过去的鲍特金实验室来是宽敞、方便多了,而且呈现出一派生机,从早到晚,都有实验员和医学院出差的医生在这儿工

作。在短短 5 年的时间里，巴甫洛夫亲自重新研究了整个消化系统，发现了胃、肠、胰、肝等各种器官和整个消化系统的规律性，最后得出结论：整个消化系统都受神经系统管辖。

像所有违反传统的重大发现一样，最初这一结论也遭到了很多权威们的反对，尤其是当时欧洲公认的生理学权威海登海因教授。他认为，神经与此无关，全是化学作用。针对于巴甫洛夫的"假喂"，他做了一个"真喂"实验，在狗胃里划出一个完全隔离的小胃，食物并不进入这个小胃，但一切过程都和大胃消化食物时发生的一样。海登海因得意洋洋地说："小胃就像一面镜子，忠实地反映了我们体内厨房的正常工作情况。"

巴甫洛夫仔细重复了这一实验，发现小胃的胃液与主胃正在消化时分泌的胃液成分不同。原因是分隔胃时切断了神经联系。他决心用实验证明自己的论说，为此不得不在一头名叫德鲁若克的狗身上先后割了近 200 个切口，经过半年的努力，他最终获得了成功，得到了仍与主胃保持神经联系的小胃，现在，从大胃分泌出来的胃液和小胃里的是一样的了，"镜子"反射出真实的情景；而只要一切断神经，小胃就不知道自己该分泌出什么样的胃液了，"镜子"变成了哈哈镜。

德鲁若克和它的主人巴甫洛夫教授一同名扬世界。巴甫洛夫方法开出来的小胃是第一个伟大成就，随之而来的是一系列出色的实验和新的发现。巴甫洛夫成了最负盛名的生理学家。

1904 年 12 月，巴甫洛夫获得了诺贝尔生理学奖。他是俄国第一个获得诺贝尔奖金的科学家，也是世界上第一个获得诺贝尔奖金的生理学家。颁奖大会在瑞典首都斯德哥尔摩举行，瑞典国王专门学会了一句俄文问候语，以便在亲自授奖时对这位俄国科学家说："您身体好吗，伊凡·彼得罗维奇？"

55 岁的巴甫洛夫身体棒得很，像从前一样结实好动，若不是那开始有点发白的栗色头发泄露了秘密,看起来完全不像上了年纪的人。在世人看来他的事业已登峰造极了,但精力充沛的巴甫洛夫却搁下了为他带来世界声誉的领域,转向了对他来说属于全新事业的心理学。

心理学家们不欢迎外行进入他们的领地,朋友们怀疑他在异想天开,同事们公开表示不满甚至有人离开了实验室。巴甫洛夫毫不在意,他决心要从狗的胃里闯入狗的灵魂。

当时英国的谢灵顿已经对膝跳反射等作了精彩研究。巴甫洛夫在用狗作实验时发现狗在看到或嗅到食物,甚至只要听到饲养员的吃喝声就能分泌大量唾液。这种现象靠一般的反射理论很难解释。通过反复实验,巴甫洛夫终于明白反射可分为条件反射和非条件反射。非条件反射是先天性的如膝跳反射;条件反射是后天获得的。结果他创立了"条件

图1 狗的非条件反射示意图	图2 狗对无关刺激无进食反应示意图
图3 在非条件反射的基础上去建立条件反射示意图	图4 在非条件反射的基础上建立了条件反射示意图

条件反射实验

反射"学说，这一学说使得他在消化系统方面的研究成果相形见绌，虽然他花了30多年的时光来证明其正确性并让别人相信，最终他还是让世界接受了这一探索整个神经系统的工作秘密的研究成果。今天我们提到巴甫洛夫，想到的总是狗听到铃声便分泌唾液的实验，是条件反射，而常常忘记他还是消化生理学的首创者。

巴甫洛夫选择的总是艰险的攀登之路。当别人轻松地向世界提交自己的成就时，他还在一味的埋头苦干；但虽然比别人多花了许多的时间和精力，他登上的却是他那个领域里的最高峰。

热爱生命

巴甫洛夫热爱祖国，热爱劳动。在他前半生长期未被选聘为教授时，国外一些大学先后聘请他去当教授，他却不去，宁愿继续在艰苦条件下为祖国科学事业贡献力量。

巴甫洛夫为人谦逊、质朴。生活勤俭，不抽烟、喝酒。他对自己非常严格，但也不容许别人松懈。他善于把在一起工作的人团结成一个统一、友爱的科研集体，但不是靠行政管理方法而是他那高贵品质。

他自小就经常帮助父亲挖掘田垅，给土地施肥，培育果树。他热衷的击木游戏（梁赞的民间运动），曾被一些贵族视为不登大雅之堂。他的语言中充满着大量的梁赞俗语，热情洋溢而绘声绘色的谈吐，无论在课堂上还是会场上都打动了每一个人。他给学生讲了整整50年课，讲课时常常简直在椅子上坐不住，仿佛随时准备着从原地跳起"扑向"他的听众。学生的问题提得越聪明有趣，教授越感到满意，他说："讲课对我自己很有益处，是最好的兴奋剂。"看来的确如此。体操锻炼的是体魄，讲课锻炼的是大脑。巴甫洛夫教授的充沛精力就来源于不停的运动。

走进科学的殿堂

没有课的日子,每天9点整,教授就来到实验室,准确地说,是像旋风一样卷进实验室,一进来就带来一种生机勃勃的力量,不停地说,不断地打手势,使得实验室里立刻紧张起来,直到下班时间教授回家,才带走这种气氛。而晚上他又奔进了另一个实验室,不知疲倦地一直工作到半夜。

与巴甫洛夫相伴半个多世纪的卡尔切夫斯卡娅形象地形容他简直像"一团火"。这位具有非凡精力和激烈生动个性的科学家,的确没有文质彬彬的学者风范。在沙皇时代他便已是应穿将军服的大学者,但他无视最严格的命令,常是西服上装罩着便装衬衣,有时脱了上装便挽起袖子,裸露出一双青筋暴起的强壮的手。闲暇时戴着彩色的鸭舌帽,骑着自行车走东串西。别人称他"阁下"时,不拘小节谈吐随意的教授很不高兴,立即更正说:"叫我的名字,称教授也行。你说的那个什么'阁下'是我们一条狗的绰号。"他的个性天真未泯,在给妻子(他妻子是搞教育的)的一封信中不胜感叹地羡慕妻子能和纯真无邪的孩子呆在一起,而他不得不生活在假惺惺的成年人中。他给像孩子一样可爱的实验用狗写信,又鼓励,又夸奖,又感激,也不管它们是否看得懂。他的助手保留了这些有趣而宝贵的短信。

他的生活中曾发生了一些关于狗的趣闻。

1912年7月的一天,巴甫洛夫参加了英国皇家学会纪念大会。巴甫洛夫刚坐下,一只白色的玩具狗,顺着绳子从上面垂到他的面前。巴甫洛夫接过小狗,乐滋滋地抚摩、端详,顿时大厅里响起了雷鸣般的掌声和欢笑声……

原来,狗是巴甫洛夫科学事业的象征。他研究生理学,做活体解剖试验,所用的动物就是狗。他一辈子与狗打交道,对狗有着特殊的感情。

十月革命后的头几年,苏联经济极端困难。巴甫洛夫实验室经常断

俄国革命的讲坛——圣彼得堡大学

火、停电，许多小狗也因饥饿而死去。

为了科学事业，1919年，年已古稀的巴甫洛夫给列宁写了一封信，如实报告了自己的困难处境，由衷地希望苏维埃政府尽可能给他提供起码的研究条件。信发出以后，他满怀希望地等待着回音。

列宁的心与科学家的心是相通的。他接到巴甫洛夫的求援信以后，立即颁发了一项特别决定。指出：巴甫洛夫对全世界劳动人民做出了贡献，除了保证科学研究需要的一切条件外，还要发给特别口粮和食品。

列宁特地指派大文豪高尔基来看望巴甫洛夫。高尔基亲切地向巴甫洛夫转达了列宁对他的问候和鼓励，详细询问了他的生活和工作情况。高尔基关切地问："教授，请告诉我，你需要什么东西？"

看着笑容可掬的高尔基，巴甫洛夫用颤抖着的声音说："感谢苏维埃，感谢列宁同志。口粮和食品，给别人多少就给我多少，不要多给。"稍停片刻，老科学家提高了声音，热切地说："现在我只需要狗，狗！"

巴甫洛夫的火暴脾气也是久负盛名。一次一个助手在工作时间内打桌球，教授气愤极了，为把这个懒汉教训一顿，他亲自拿着球杆追打这个助手。对犯事者，根据过失的程度不同，他可能"唠叨"、"埋怨"、"小怒"、"大怒"或"厉声斥责"。有时他还会狂暴地挥动双拳，脸色铁青地走回自己的办公室，呼地一声把门摔上。

同事们熟知教授的脾气，一旦犯错，从不火上加油地当面顶撞，等到他怒火平息，暴风雨后自然会晴空万里风平浪静。不管怎么样，教授是为了大家的事情在着急。

任何一个青年都会羡慕他的精力和热情。他不仅以冷静的理智来认识科学真理，也以这种诗人气质的热情、幻想和直观来认识。正如他自己所说："我完全不是一个心如铁石的学者。"

的确如此。他的生命是一团熊熊燃烧的火，而不是静静流淌的小河。

科坛之光

走进科学的殿堂

1936年2月27日，巴甫洛夫因患肺炎而病逝。逝世前不久，他写了一封有名的致青年人的信，对献身于科学的青年们提出几点希望：

(1) 循序渐进，循序渐进，再循序渐进。你们从一开始工作起，就要在积累知识方面养成严格循序渐进的习惯。

(2) 如果想登上科学的高峰，你们应当从它的初步做起，前面的东西还没有弄明白，切不要急于学后面的。切不要掩盖自己知识上的缺陷，即使用最大胆的臆测和假设来掩盖，也是不可以的。

(3) 你们要养成严谨和忍耐的习惯，要学会做科学上的打杂工作，再研究事实，对比事实，积聚事实。

(4) 事实就是科学的空气。如果没有事实，你们就飞不起来。如果没有事实，你们的理论就是白费力气。

(5) 在你们研究、实验、观察的时候，不要停留在事实的表面上。不要做一个事实的保管人。你们应当力图探求事物根源的奥秘，应当百折不挠地探求支配事实的规律。

(6) 决不要以为自己什么都知道。无论别人怎样看重你们，你们应当常常有勇气对自己说："我是无知的。"

(7) 要记住科学要求人们花费毕生精力；即使你们有两倍的生命，仍旧是不够用的。科学要求人们最大的紧张和高度的热情。当你们工作的时候，当你们做研究的时候，应当有热情。

这也是巴甫洛夫一生经历的真实写照。艰苦而漫长的知识积累时期，实事求是的科学精神，对思考的喜爱与擅长，惟有在工作中才能得到最大的乐趣……

巴甫洛夫以其辉煌的成就，正直的人格而赢得了后人的尊重，他也许是有史以来最伟大的生理学家。由于巴甫洛夫的工作，列宁格勒已成了一座特殊的麦加城，成为全世界生理学家拜访的圣地。

俄国革命的讲坛——圣彼得堡大学

为"光明"事业而奋斗

季米里亚泽夫（1843—1920年），俄罗斯植物生理学家。出身于圣彼得堡一个具有激进共和思想的贵族家庭。1860年因参与民主运动而被圣彼得堡大学开除学籍。1866年以旁听生身份取得该校学士学位和金质奖章。1868年出国深造，专攻植物生理学。1870年回国任教于彼得罗夫农林学院。1877年在该校和莫斯科大学任教授。1911年自莫斯科大学退休，4年后参加高尔基的《杂志》刊物工作。十月革命后任全国科学理事会理事及社会主义科学院院士。1923年莫斯科市为他建立铜像，并把彼得罗夫农林学院改为季米里亚泽夫农学院。

季米里亚泽夫是俄国最早宣传达尔文学说的人之一。早在大学时代他就出版了《达尔文及其学说》一书。他对植物生理学中的"难中之难"——光合作用进行了长达50多年的实验研究，确定了植物依靠日光能量进行二氧化碳同化作用，证明了光合作用所需的光线是叶绿素最易吸收的红光部分。

达尔文

科坛之光

他重视植物生理学与农业实践的密切关系。著作有《植物的生活》等100多种。

真正的普罗米修斯

植物生理学家季米里亚泽夫在《太阳、生命和叶绿素》一书中，以诗人的激情讴歌太阳是生命的源泉，而植物是"天与地之间的媒介者，是真正的普罗米修斯"。普罗米修斯是希腊神话中盗取天火造福人类的神，他因此触怒主神宙斯，被锁在高加索山崖让老鹰每天啄食肝脏，但他宁受折磨也决不屈服。实际上不只是盗取太阳光进行光合反应的植物，季米里亚泽夫也是"真正的普罗米修斯"。从年轻时起，他就决心把自己的一切献给追求科学真理和社会进步的光明事业。

受苦受难的普罗米修斯

季米里亚泽夫出身于一个充满叛逆精神的贵族家庭。父亲的激进共和思想和因同情秘密革命组织"十二月党人"而丢掉了税务官职。父亲的一位朋友曾问他的父亲："阿尔卡基·塞米诺维奇，你打算叫你的4个儿子将来干什么？"得到的回答是："我要缝制5套法国工人穿的蓝工作服，购买5把手枪，然后和人们一起冲进冬宫去。"家境的日渐败落和父亲的进步思想深刻地影响了他的人生道路。

1860年，季米里亚泽夫考取了圣彼得堡大学数理学院的自然科学

俄国革命的讲坛——圣彼得堡大学

系。当时俄国国内革命运动此起彼伏，青年学生和知识分子也常常罢课

冬 宫

以反对沙皇专制统治。季米里亚泽夫因拒绝签写"决不参加社会非法活动"的保证书而被警察局传讯。即便是当局极尽利诱和恐吓都无法使他就范。最终恼羞成怒的警察局长不得不亲自授意校方把他开除，以除后患。当时他仅是大二年级学生。一年以后，季米里亚泽夫当上了旁听生，但是他对科学和政治的热情有增无减。在德高望重的老师柏克托夫的指导下，他以顽强的毅力于1866年获得植物学专业的学士学位，论述苔藓类植物的毕业论文还得到了金质奖章。他说，看看那些北极冻土地带荒原里的苔藓吧，它们在地球上最恶劣的环境里顽强地表现了生命的力量，它们最向往太阳的光和热！

从学生时代起，季米里亚泽夫就无限敬仰进化论的奠基者达尔文和意大利民族英雄加里波的，因为他们都是为真理而斗争的战士。他曾在

走进科学的殿堂

报刊上写了一系列文章介绍这两个人。他是俄国最早传播和研究达尔文进化论的人之一。1865年,在他完成大学学业前一年,就已经出版了《达尔文及其学说》一书,在社会上引起极大反响,并且影响了好几代的读者。在彼得罗夫农林学院任教时,由于他积极宣传达尔文进化论,遭到了一帮顽固势力的围攻。一位号称"著名政论家"的公爵大人在报上登文声讨他,说他"拿的是国家的钱,却要驱逐上帝于自然界之外"。他在学生和学术界中的威望越高,当局对他的敌视和恐慌就越大。季米里亚泽夫终于在1893年被逐出农林学院的大门。

自此季米里亚泽夫正式转入了莫斯科大学任教。实际上,从1877年起他就一直在这里兼课。他的讲课一向受到学生们的热烈欢迎,教室里挤满了旁听的学生。不仅是因为他讲授的植物生理学引人入胜,更因为他是学生可以信赖的良师益友,在黑暗中给他们以光和热。有一次,

莫斯科大学

俄国革命的讲坛——圣彼得堡大学

季米里亚泽夫因为停课支持学生纪念伟大的革命民主主义者车尔尼雪夫斯基逝世周年活动，受到校方的"通报警告处分"。为了杀一儆百，布加也夫院长亲自出马，气势汹汹地冲进正在上课的教室想当众宣读布告，突然间他发现课堂里的气氛热气腾腾，师生亲密无间，不禁让他胆战心惊。无奈之下，院长大人只好悄悄地要求季米里亚泽夫"帮个忙"，由他自己宣读处分决定。季米里亚泽夫微笑着当众高声宣读了起来。话音未落，教室里已炸开了锅。院长见势不妙，像兔子一样拔脚就溜走了。

1901年10月18日，经过顽强斗争终于使校方让步，季米里亚泽夫又回到了莫斯科大学的课堂上，学生们用鲜花、热泪、掌声和祝词欢迎他凯旋归来。他含着泪激动地说："我应当向你们表白我的3个信念：信仰、希望、爱。我爱科学，因为科学能达到真理；我相信进步；我寄希望于你们。"

自称是《格列佛游记》中的怪人

"当格列佛第一次访问拉加多地方科学院的时候，他首先就一眼望见了一个形容消瘦的人：这个静坐着的瘦子，正在凝视着一条被密闭在玻璃瓶里面的黄瓜。

"格列佛就向这个怪人询问在看什么。于是，他给格列佛解释说：他已经有8个年头一直在专心观察着这条黄瓜，希望能够解决一个问题：怎样去摄取太阳光线并且进一步去利用这些光线。

"因为初次和各位先生相识，我应该坦白承认，站在各位先生面前的我，正是这样的一个怪人。我已经耗费了30多年的光阴，虽然没有去凝视过那条被密闭在玻璃容器里面的嫩绿色的黄瓜，却也是专心地观察了一种有十分相同意义的东西，也就是观察了一张被密闭在玻璃管里面的绿叶,并且为了要解决一个怎样去储藏太阳光线的问题而绞尽了脑汁。……"

1908年4月30日,英国皇家学会召开两百年来一年一度的"克伦论文"宣读大会,65岁的季米里亚泽夫应邀出席并宣读论文。对国际科学界来说,这是一种殊荣,惟有重大贡献的杰出科学家,才有幸进入邀请之列。在他宣读"植物的宇宙作用"论文之前,他借英国作家斯威夫特的《格列佛游记》里的情节形象地说明了他所从事的研究工作,于是出现了上面那段经典内容。

人类居住的地球之所以在宇宙中显得那么生机盎然,是同成千上万种植物所拥有的绿叶分不开的。绿叶,普通得不能再普通了,人们也习以为常,见多不怪。大概只有小孩子和科学家才会"打破砂锅问到底":叶子为什么是绿的?植物长着它到底有什么用?这些问题似乎很

达·芬奇铜像

俄国革命的讲坛——圣彼得堡大学

愚蠢而又无聊，而实际上却是高深而重大的科学问题。为了揭开"绿叶的秘密"，以及叶绿素这一"秘密中的秘密"，季米里亚泽夫自己研制了许多精巧的仪器，进行了数不清的科学实验。从1867年，年方24岁的季米里亚泽夫在圣彼得堡召开的全俄自然科学家和医生第一次代表大会上，宣读了他的第一篇关于绿叶研究的论文《人工照光法及其仪器在树叶空气营养研究中的应用》之后，便一发而不可收。

达·芬奇画蛋

达·芬奇用了18年来画好一个鸡蛋，季米里亚泽夫则花了整整半个多世纪去"看"一片绿叶！

季米里亚泽夫是第一位把能量转化和守恒定律应用于生理学研究，并把植物看成是能量转化和物质循环的重要环节的科学家。他揭示了光合反应中叶绿素的化学构成、功能和运行机制。他阐明了光的化学作用与光线热能成正比，叶绿素最易吸收红光部分，纠正了当时很多科学家认为光合作用和光的亮度成正比的错误观点。

为了进行精确的定量分析，他曾经研制了许多精密而新颖的仪器，设计了一些简易而巧妙的实验。为了测定植物在吸收二氧化碳时消耗的日光能，他发明了光能表。经他改进的微型气量表可测出针头那么大体积的气体，精度达到十万分之一立方厘米或一亿分之一克。法国化学家柏特罗教授曾指导他撰写硕士论文"叶绿素的光谱分析"，对他的每一次来访都欢欣鼓舞："您每来一次，带来的气体分析法都比上一次更精确了一千倍！"19世纪70年代末，他在英国邓恩拜访了达尔文，深受赏识。事后达尔文写信给一位英国植物学家："我想德国的实验室可以做我们的模范,但莫斯科的季米里亚泽夫曾走遍全欧洲,见过一切实验室。我看他是一个很好的青年,他能够开一张最好的清单给我们,说明什么是最必需配备的仪器。"

季米里亚泽夫研究植物的光合作用、从事科学普及工作,有着十分明确的目的,那就是"造福于人民"。正因为如此,他赞颂列宁是被压迫人民的伟大导师和朋友。十月革命胜利后,莫斯科工人选季米里亚泽夫为工人代表,给予以完全的信任。他的大量科普作品被称为"人民的课本"。他的科学研究同农业实践紧密相联。他通过举办实验农场、展览会和博物馆,向农民演示植物知识和科学种田的道理,推广新经验。许多农民参观后说:"我们不再祷告上帝了,科学在帮助我们种田。"

同他热爱的植物一样,季米里亚泽夫整个生命都趋向于光明,结果他自己也成了一种光源。

邓恩

细胞免疫学大师

梅契尼科夫（1845.5.16—1916.7.16），俄国动物学家，免疫学家，病理学家。1845年5月16日生于俄国哈尔科夫省伊凡诺夫卡，1916年7月16日卒于法国巴黎。因发现吞噬细胞，建立细胞免疫学说，与埃尔利希共获1908年诺贝尔生理学或医学奖。

梅契尼科夫

聪颖的少年

1845年5月16日，伊利亚·梅契尼科夫出生在乌克兰的哈尔科夫地区，他的父亲伊凡诺维奇是一位俄国沙皇时代的军官与贵族地主，母亲爱米拉则是一位波兰裔的犹太人。他是这个家庭的第五位子女，上面还有四位兄姊。虽然成长在信奉东正教的家庭，而母亲又是犹太人，他本人后来却成为一位无神论者。

也许是良好的家庭环境的熏陶，他从小聪颖过人，被双亲视为掌上明珠。在学生时代，他的聪明才智很快表现得淋漓尽致，十五岁时，他在学校里成立了一个研讨性质的社团，又因成绩优异，而到哈尔科夫大学旁听大学课程，如生物学，组织学等。这年他还翻译了一本德文的物理学教科书。

乌克兰风光

　　幼年的梅契尼科夫，热爱自然科学，他对那时刚兴起的微生物学非常有兴趣，虽然他的三个哥哥都研习法律，一位还成为法官，但是梅契尼科夫却早在八岁时便立下志愿，要以研究自然科学为终身职志。他从一位医学院学生处借了一台显微镜，用来观察水中的原生动物。1862年，十七岁时，他把研究眼虫伸缩泡的结果写成一篇科学论文，并投稿到科学期刊上发表。次年他又发表了一篇研究钟形虫虫柄收缩现象的论文，这篇论文被一位英国人兰卡斯特（后来成为英国著名的动物学家）翻译成英文，并发表在英国的一个显微镜科学期刊上。

　　1862年，梅契尼科夫正式进入哈尔科夫大学。年轻而自负的他，信心满满地预期自己即将成为一位公认的"科学天才"，他说："我有热忱及能力，并且天生具有才华，我有雄心成为一位著名的科学家。"

俄国革命的讲坛——圣彼得堡大学

他大学主修动物学，为了能在生物学上有重要发现，他狂热地从事研

哈尔科夫大学

究。他可以连续数小时用显微镜观察一个昆虫或微生物，然后把发现写成论文立刻投稿出去。但是有时在第二天仔细观察后，又不得不写信给期刊的编辑，承认犯了错误，请求不要刊登前一天寄出的那篇文章。如果他的论文观点不被编辑认同而退稿，他则感到非常沮丧，并且认为似乎整个世界都对不起他。

他有着惊人的记忆力，几乎过目不忘。他只用两年时间就把学校规定必读的四年课程修完，而且是以优异的成绩从哈尔科夫大学毕业的。怪不得教他的老师们都说："梅契尼科夫是才子"。之后他曾游学德国、俄国、法国、西班牙与意大利，在不同大学进修硕士与博士学位，但是往往与指导教授意见不同而发生激烈的言语冲突，然后又换学校。

例如，他曾在德国的吉森大学跟随著名的近代寄生虫学之父卢卡特从事线虫的研究，由于成果不错，又随卢卡特教授转赴哥廷根大学。他首先发现线虫除了有性生殖之外，还能无性繁殖，但是卢卡特教授将这

走进科学的殿堂

个发现发表时,并未把他列名在论文的作者上,因此二人爆发冲突,关

德国吉森大学

哥廷根大学

系决裂。总之，年轻的他热中于研究而急于有所表现，个性上则非常倔强而情绪化。

梅契尼科夫的科学研究，主要是在俄国的圣彼得堡大学进行的，但是他也花费许多时间到德国的一些著名实验室，追随当代生物学大师研习，例如前述的卢卡特，亨勒（肾脏中亨氏管的发现者），以及希博德（著名动物学家）等人。他在1867年获圣彼得堡大学硕士学位后，又继续攻读博士学位，主题是比较胚胎学。

在留学德国期间，他曾阅读了达尔文的《物种原始论》，受到极大的震撼。这本书对当时的生物学乃至于哲学与神学，都产生了巨大的冲击，并引发出许多的争议。无疑地，达尔文主义深深地影响了他日后的研究，而他也成为一位忠实的演化论支持者。

意外的打击

这些构想启发了梅契尼科夫。他深入地探讨无脊椎动物中的海星及水母，并设计出一个成功的分类体系，这为他赢得许多荣誉。他在1868年获颁动物学博士学位，当时年仅23岁。在获得博士学位那年，梅契尼科夫遇到一位崇拜他才华的女士，名叫柳德米拉，并准备与她结婚。就在结婚前不久，柳德米拉感染了肺结核，以至于新娘必须坐在椅子上抬进教堂来完成婚礼。这个婚姻并没有为他带来任何的欢乐，反而是在婚后，他的妻子健康情况日下，家庭经济也日益困顿。

梅契尼科夫首先在新成立不久的敖德萨大学担任讲师，不久后在圣彼得堡大学担任讲师。1870年，他正式被聘为敖德萨大学的动物学与比较解剖学的教授。在这几年的时间里，他用尽了一切努力，想使妻子恢复健康，但是却徒劳无功。

走进科学的殿堂

敖德萨大学

此外，学校提供的实验室也非常简陋，缺乏适当的设备供他从事研究，使得他非常苦恼。虽然有意辞职以示抗议，但却发现他承受不起失去工作而断绝经济来源的后果。他整个人陷入了绝望的深渊，进而产生厌世的想法。更甚者，他以一票之差，而未能获选为医学外科研究院的教授。他也渴望获得一项动物学奖励，但却被拒绝了，借口是一篇研究文章仅以草稿形式发表，而不是正式印刷的版本。

屋漏偏逢连夜雨，1873年，柳德米拉不幸过世了。梅契尼科夫的精神陷入崩溃，甚至无法亲自参加妻子的丧礼。

这对于梅契尼科夫来说，比事业上的失败打击还大！他的精神受到极大的刺激，一段时间里，他精神恍惚，无精打彩，整天以喝酒消磨时间，时不时大发脾气，摔东西，完全没有一个教授应具有的风范。他产生了厌世情绪，沮丧到极点的梅契尼科夫竟服食大量吗啡企图自杀，所

俄国革命的讲坛——圣彼得堡大学

幸剂量计算错误,仅昏睡了一场。

为了转换环境,梅契尼科夫前往中亚的吉尔吉斯与阿斯特拉罕大草

阿斯特拉罕大草原风光

西藏风光

走进科学的殿堂

原研究蒙古人的种族特性及起源,他还跟随一位当地的佛教喇嘛远赴西藏,次年(1874年)才返回敖德萨。这时他幸运地遇到了另一位对他才华倾心的女士,一位年仅17岁的实验室技术员奥尔嘉。他们不久便成婚。

但是在实验室中工作的梅契尼科夫的情绪一直处于低潮,终日失眠,而且心脏方面也发生不适。这时他的妻子奥尔嘉也感染了斑疹伤寒,真是祸不单行。

情绪低落的梅契尼柯夫,再次尝试自杀。这次为了不使他的妻子及朋友感到难为情,故意把一位罹患回归热病人的血液,接种到他自己的手臂上,以科学实验的名义来验证在这个病人血液中所发现的一种疏螺旋体菌,是否就是导致人类回归热疾病的病原微生物。结果实验成功了,他果然罹患了回归热。但是自杀却显然是失败的,经历一场痛苦而漫长的疾病,终于逐渐康复,这时他也下定决心要离开这个令他灰心的敖德萨大学。

两次企图自杀,曾经对梅契尼柯夫寄以期望的人们,都认为他没有什么作为,只能糊糊涂涂过一生了。然而,事情并非如此,梅契尼科夫是幸运的,是历史的幸运儿,他没有自杀成功,历史没有让他过早地离开人世,因为他离开人世,历史将永远留下遗憾,他——梅契尼柯夫活下来了,坚强地走进了历史,进入了世界科学的殿堂……

战胜自我

1882年,梅契尼柯夫与妻子辞去大学工作,离开了伤心地——敖德萨大学,前往意大利西西里岛东北角的麦西纳,住在他妻子亲戚的一栋别墅中。他在那里建立了一个私人实验室,潜心研究。在实验室里,他专门从事海洋动物比较学的研究。他发现了海星浮游幼虫的噬菌现象。更惊人的是,他认为去掉"手"(日文"海星"的汉字写法是"人手")的"人"也存在着同样的噬菌现象。也就是说,动物体内天生具

西西里岛风光

有某种防御能力,这就是梅契尼科夫提出的吞噬细胞学说。现在,这一学说已得到充分证实,人体的确存在巨噬细胞。巨噬细胞具有清除微生物或其他异物的功能,有抗病和灭菌的作用。这以后,为了证实自己的推断,他在巴斯德研究所继续从事有关免疫吞噬细胞的研究。同时,他通过论文,与体液免疫学说派反复进行争论。用今天的眼光看,这两种学说都是正确的。人体有两种免疫方式:一种是由巨噬细胞、中性白细胞等吞噬细胞构成的先天性免疫;另一种是由 B 细胞的抗体产生的体液性免疫和 T 细胞等淋巴球产生的细胞性免疫构成的后天性免疫。

1908 年,梅契尼科夫与埃利希博士一起,因提出免疫吞噬细胞学说获诺贝尔生理学医学奖。

走进科学的殿堂

赤子爱国情

在俄国读完大学后,梅契尼科夫来到了当时在科学和教育领域都处于世界领先地位的德国留学,先后获得了硕士和博士学位。梅契尼科夫在留学期间就显示了卓越的科学研究才能,德国有多家大学和研究机构向他发出了任职的邀请。但梅契尼科夫一心想用自己的所学帮助祖国发展尚不发达的科学和教育事业,于是他毅然回国。梅契尼科夫先后在乌克兰敖德萨大学和圣彼得堡大学任教授,从事动物学的教学和研究工作,并在胚胎发育学方面颇有建树。

科坛之光

敖德萨大学

但当时俄国在沙皇统治下,政治上既专制又腐败,并且严重制约了科学、教育的发展。1881 年,梅契尼科夫在大学的讲坛上公开说:"如果皇帝干扰学者们的研究,他就是自取毁灭。"梅契尼科夫的这番话肯

俄国革命的讲坛——圣彼得堡大学

定会给他带来不幸，但出于对祖国的热爱，出于一颗忧国忧民之心，使梅契尼科夫不能不站出来说话。为此，梅契尼科夫受到了沙皇政府的迫害。1882 年秋末，他不得不化装成商人逃离俄国。

此后，梅契尼科夫在意大利的西西里岛和法国巴黎从事科学研究，并在免疫学和胚胎学领域取得了重要成果，特别是他在免疫学领域的重大发现，使他荣获了诺贝尔奖。

梅契尼科夫的杰出成就为他赢得了巨大声誉，也使他拥有了优厚的生活、工作条件，但他时刻没有忘记自己的祖国。当梅契尼科夫成名之

巴黎风光

后，沙皇俄国驻巴黎的使节奉命向他致歉，邀请他回国。并说沙皇政府对他留在国内的家人十分关照，许诺给学者、知识分子以充分的民主和自由。热爱祖国、思念故土的梅契尼科夫不计前嫌、归心似箭，他立即踏上了回国之路。但就在途中，他听说母亲已因遭受迫害致死，连自己

走进科学的殿堂

的妹妹一家也受到了株连，而且沙皇政府还在继续残酷迫害国内主张民主的知识分子。这一切都彻底揭穿了沙皇政府的谎言和虚伪的面具。于是，梅契尼科夫掉头返回了巴黎，从此再也没有踏上祖国的土地。1916年7月16日，忧国忧民而又报国无门的梅契尼科夫怀着一颗抑郁的心，客死于法国巴黎。至死，他还保留着俄国的国籍。

科坛之光

无线电通信的创始人

波波夫(1859.3.16—1906.1.16),俄国物理学家,无线电通信的创始人之一。

1859年3月16日,波波夫出生于俄国乌拉尔矿区的一个小镇,父亲是个牧师。他很小就学会了木工,制作了水磨机械模型。12岁那年表现出对电工技术的爱好,自己制作电池,还用电铃把家里的钟改成闹钟。小学毕业后,父亲为让他继承父业,将他送到神学校学习,以便以后进神学院深造。但波波夫对物理和数学感兴趣,成绩出众到校长都感到惊奇。1877年,18岁的波波夫考进彼得堡大学数学物理系。尽管家里已供不起他,必须靠当家庭教师半工半读来维持,但他学习刻苦努力,并且不满足于书本知识,经常发表新奇的见解。平庸保守的教授们并不赏识这个"不安分"的学生,于是他就转学到学术思想活跃、师生关系融洽的森林学院,森林学院活跃的学术气氛,使他打下了扎实的

走进科学的殿堂

基础,有一段时间他研究炸药,在森林里试验炸药时几乎和诺贝尔一样险些送命,后来研究用电线遥控炸药获得了成功,同学们称他为"炸药专家"。几年后波波夫以优异的成绩毕业了。1888年,赫兹发现电磁波的消息传到了俄国,29岁的波波夫一下子改变先前要把电灯装遍俄国的主意,树立了要指挥电磁波飞越全世界的理想。1894年,波波夫做了一台电磁波接收机。这台机器的原理与英国科学家洛奇的那台相似,但灵敏度却远比洛奇那台要高得多。

1895年5月7日,波波夫带着他发明的无线电接收机来到彼得堡的俄罗斯物理化学学会物理分会会场,在宣读论文之后,当场进行演示。他让助手在演讲大厅的一头安放好电磁波发生器,自己在讲台上调好接收机,装好天线,接收机连接了继电器和电铃。一切就绪后,助手把电磁波发生器接通后,接收机带动电铃响了起来。当助手把电磁波发生器的电源切断,电铃声就会戛然而止。此后波波夫又改进了他的机器,用电报机替换了电铃。这样,就形成了一台完整的无线电收报机。

1896年3月24日,波波夫和助手又进行了一次正式的无线电传递莫尔斯电码的演示。波波夫把接收机安放在物理学会会议大厅内,他的助手把发射机安装在森林学院内,两地相距约250米左右。时间

诺贝尔

科坛之光

俄国革命的讲坛——圣彼得堡大学

一到，助手沉着地把信号发射出去，波波夫这边的接收机清晰地收到信号。此时俄罗斯物理学会分会长把接收到的字母一个个地写在黑板上。最后，黑板上出现一行字母："海因里希·赫兹"。这是世界上的第一份无线电报，内容是纪念赫兹这位电磁波发现者。

波波夫对无线电通信的杰出贡献，是他发现了天线的作用。在一次实验中，波波夫发现金属屑检波器的灵敏度异常地高。接收电磁波的距离比起平时有明显的增加。他感到非常奇怪，再试一次，灵敏度还是一样高。忽然，他瞥见有一根导线搭在检波器上。很明显，这根导线增加了检波器的接收能力，增加了灵敏度。波波夫真是喜出望外，提高机器的灵敏度，增加传收距离的愿望竟在这无意中实现了。他使用的这根导线是世界上的第一根天线。波波夫用这架机器首先去检测雷电。他把莫尔斯电报机接在机器上，在一个雷电风雨交加的夏夜，他的接收机收到了空中的雷电，并用莫尔斯电报机上的纸条记录了

赫兹

马可尼

科坛之光

下来。

　　波波夫的工作将人类带入了无线电时代，为以后的电子通信事业的发展奠定了坚实的基础。1909年，马可尼和布朗因发明天线而获得了诺贝尔物理学奖，而波波夫却因在1906年脑溢血去世而错过了获奖。

科坛之光

思想的光芒

俄国革命的讲坛——圣彼德堡大学

家族的背叛者

伊凡·谢尔盖耶维奇·屠格涅夫（1818.11.9—1883.9.3），19世纪俄国有世界声誉的现实主义艺术大师，他的小说不仅迅速及时地反映了当时的俄国社会现实，而且善于通过生动的情节和恰当的言语、行动，通过对大自然情境交融的描述，塑造出许多栩栩如生的人物形象。他的语言简洁、朴质、精确、优美，为俄罗斯语言的规范化作出了重要贡献。

屠格涅夫于1818年生在俄罗斯中部的奥略尔省的一个贵族家庭。屠格涅夫的童年和少年时代是在他家的庄园斯巴斯科耶—路德维诺沃度过的。他的父亲谢尔盖·尼古拉耶维奇是个性情温和的退职军官，母亲瓦尔瓦拉·彼得罗美娜则是个脾气暴躁的农奴主。母亲的专横和暴戾给少年时代的屠格涅夫留下阴暗的回忆，而父亲的温文尔雅也给他以深刻的印象。屠格涅夫的母亲瓦尔瓦拉·彼得罗夫娜·屠格涅娃是个非常任性、专横的女地主，贵族的偏见和恶习在她身上十分突出。

屠格涅夫

思想的光芒

她很残酷,经常体罚仆人,有时因为一个小小的过失而把农奴流放到西伯利亚去。瓦尔瓦拉·彼得罗夫娜的这种性情也表现在对待儿子的态度

西伯利亚风光

上。她认为孩子不打不成才。屠格涅夫后来回忆说:"在我生长的那个环境里,打人、拧人、拳头、耳光等等,简直成了家常便饭。"农奴主的残暴行为,是屠格涅夫所难以容忍的。童年时代的屠格涅夫就憎恨农奴主的暴行。后来屠格涅夫在自己的作品《木木》和《初恋》里,分别写到了他的母亲和父亲。

屠格涅夫幼年时由私人教师教授法语、德语和英语,因为当时的俄国贵族认为使用他们自己国家的语言有失自己的身份。而俄语这种他如此精通并在其作品中精彩运用的语言,是他不得不从仆人那里学到的。

1833年,屠格涅夫进莫斯科大学学习,一年后他转入彼得堡大学,1837年毕业于彼得堡大学哲学系语言专业。在大学时代,屠格涅夫就

俄国革命的讲坛——圣彼德堡大学

莫斯科大学

柏林大学

思想的光芒

开始了文学创作，写过一些诗歌作品，并创作了诗剧《斯捷诺》。1838年屠格涅夫去德国柏林大学攻读黑格尔哲学。在欧洲，屠格涅夫见到了更加现代化的社会制度，被视为"欧化"的知识分子，主张俄国学习西方，废除包括农奴制在内的封建制度。1841年回国。

1843年，屠格涅夫结识了两个对他的一生来说是至关紧要的朋友。一个是别林斯基。他早期的世界观基本上是受别林斯基的影响而形成的。这一年，屠格涅夫出版了长诗《帕拉莎》，这是他的第一部公开发表的大型作品。屠格涅夫因这部长诗结识别林斯基，并得到别林斯基的赞赏。这对屠格涅夫一生的创作都有重要的意义，他曾经说过，别林斯基及其《给果戈理的一封信》是自己的"全部信仰"。后来，他终生都尊别林斯基为导师。另一个是法国著名女歌唱家波丽娜·维亚尔多。这个有高度文化教养、聪明而迷人的女子给他带来了欢乐与痛苦、幸福与绝望。因为她已有了丈夫和孩子，不可能和他结合。为了她，他长期侨居国外，终生与她和她的一家保持着亲密的关系。不过他们俩人一直仅仅保持真正的和纯洁的友谊关系。他的《贵族之家》、《前夜》、《阿霞》、《初恋》、《春潮》等小说所写的充满诗意的爱情，一方面总是以悲剧结束而令人惋惜、心酸；另一方面那爱情的美和力量又总是使人变得更纯洁、更高尚。这正是作者亲身的经历和心声。

1847年屠格涅夫在《现代人》杂志上发表了一篇随笔作品《霍尔与卡里内奇》，获得了意想不到的巨大成功，于是他便一发而不可止地写作了20余篇这样的随笔作品，在社会上和文学界产生巨大影响。这就是后来结集出版的《猎人笔记》，该书是以一个猎人在狩猎时所写的随笔形式出现的，包括25个短篇故事，全书在描写乡村山川风貌、生活习俗、刻画农民形象的同时，深刻揭露了地主表面上文明仁慈，实际上丑恶残暴的本性，充满了对备受欺凌的劳动人民的同情，写出了他们的聪明智慧和良好品德。它给屠格涅夫带来了巨大的文学声誉。

与此同时,屠格涅夫还创作了一系列戏剧作品,其中最著名的有《食客》、《乡村一月》等,这些后来被人们称之为"抒情心理剧"的作品虽然不是屠格涅夫主要的文学成就,但当年俄罗斯文坛正处于萧条时期,所以它们在俄罗斯戏剧史上占有一席位置。

1852年果戈理逝世,屠格涅夫不顾当局的禁令,发表了悼念果戈理的文章,当局便以"违反审查条例"的罪名逮捕了屠格涅夫。屠格涅夫在彼得堡被拘留了一个月后,被遣送到原籍斯巴斯科耶由当地警察机关看管,时间长达一年之久。在这期间,屠格涅夫完成了著名的反农奴制的中篇小说《木木》。1853年他获准返回彼得堡,进步文学界为他重获自由举行了欢迎会。

从19世纪50年代起,屠格涅夫的创作重心开始转移到小说领域。他先在一系列中篇小说中塑造出他所熟悉的贵族知识分子的形象,像《多余人日记》、《僻静的角落》和《阿霞》等就是这样的作品。在俄罗斯文学中,所谓"多余人"这一专用名词就是在屠格涅夫的《多余人日记》发表后才广为流传的。而《阿霞》的问世更是引起社会的好评,车尔尼雪夫斯基专门为这个中篇写了一篇论文,这就是在俄罗斯文学批评史上占有很高地位的《幽会中的俄罗斯人》。在这篇论文中,车尔尼雪夫斯基称《阿霞》为当时文坛上的"几乎是唯一的优秀之作"。

50年代末60年代初,俄国社会发生了急剧的变化,解放运动进入平民知识分子革命阶段,贵族革命家的领导地位已被革命民主主义者所取代,欧洲各国的解放运动也蓬勃展开。作为观察力极为敏锐的作家,屠格涅夫感受到时代的要求,立即从写"多余人"转向反映"新人"。于是标志着他创作道路新阶段的小说《前夜》和《父与子》就相继问世了。这两部作品的问世在社会上激起巨大的反响,引起激烈的论争,其激烈程度在俄罗斯文学史上是前所未有的。这一时期,屠格涅夫还创作出中篇名作《初恋》。

走进科学的殿堂

60 年代后期，屠格涅夫长年居住在国外。他结识了许多外国著名

福楼拜 　　　　　　　　　都　德

思想的光芒

左　拉 　　　　　　　　　莫泊桑

俄国革命的讲坛——圣彼德堡大学

作家,他与法国作家如乔治·桑、福楼拜、都德、左拉和莫伯桑等都有密切的关系。西方国家能够了解俄国文学,靠的是屠格涅夫。他向西欧介绍俄罗斯文学,特别是介绍普希金和列夫·托尔斯泰的作品。1867年代,他创作了长篇小说《烟》。

普希金　　　　　　　　　托尔斯泰

70年代,屠格涅夫定居法国。这一时期他创作了一系列所谓"回忆的中篇",如《草原上的李尔王》、《普宁与巴布宁》和《春潮》等。1877年,屠格涅夫发表了他的最后一部长篇小说《处女地》。

在生命的最后几年里,远离祖国的屠格涅夫在病榻上写就了83篇散文诗作品,表达了他暮年的情怀。它既是屠格涅夫人格的写照,又是屠格涅夫艺术的结晶;既是屠格涅夫思想和情感的履历表,又是屠格涅夫全部创作的大纲。

屠格涅夫于1883年8月22日病逝于巴黎。根据作家生前的遗嘱,他的遗体被运回俄国,安葬在彼得堡的沃尔科夫墓地的别林斯基墓旁。

屠格涅夫是一位有独特艺术风格的作家,他既擅长细腻的心理描写,又长于抒情。小说结构严整,情节紧凑,人物形象生动,尤其善于细致雕琢女性艺术形象,而他对旖旎的大自然的描写也充满诗情画意。屠格涅夫对俄罗斯文学和欧洲文学的沟通交流起到了桥梁作用。

思想的光芒

走进科学的殿堂

民主主义作家

尼古拉·加夫里洛维奇·车尔尼雪夫斯基（1828.7.24—1889.10.29），俄国杰出的革命民主主义者，伟大的无产阶级革命作家，哲学家，人本主义的代表人物，一生为真理而奔走呼号的战斗者。

神父的后代

1828年7月24日（俄历12日），车尔尼雪夫斯基诞生在伏尔加河畔的萨拉托夫城。他的祖辈们的生活极其贫穷、单调，属于社会底层的乡村神职人员。后来长辈中的某些人变成了农民；于是在他的家族中，除了助祭和教士，也出现了务农的庄稼汉。

车尔尼雪夫斯基

父亲加夫里尔·伊万诺维奇，出生在奔萨省切姆巴尔县车尔尼雪夫村。上中学时，他将所住村庄的地名，作为了自己的姓氏。加夫里尔从小丧父，母亲无力养育。领着衣衫褴褛的儿子，去找唐波夫市的大主教，含泪哀求他把她们母子留下。大主教动了恻隐之心，用"官费"送加夫里尔·车尔尼雪夫斯基上了教

会学校。他以优良的成绩从这所教会学校毕业,然后转到奔萨教会中

伏尔加河风光

学。奔萨中学毕业时,因品学兼优,留校任教希腊语。接着他又被任命为学校图书管理员和诗歌班的教员。

1818年,一个偶然机遇结束了他的教书生涯。

这一年,萨拉托夫省的谢尔吉耶夫教堂的大司祭戈卢别夫去世了。萨拉托夫省的省长潘丘利泽夫,请奔萨省的大主教在中学毕业生中挑选一名"优等生",接任大司祭的职务。但有个附加条件:继任者必需

谢尔杰耶夫教堂

思想的光芒

走进科学的殿堂

娶已故大司祭的女儿为妻。另外呢，省长本人在办这件事的时候，也没忘了给自己捞点好处。他提出第二个附加条件：派一个受人尊敬、学识渊博但家境不甚富裕的人兼做他孩子的家庭教师。

大主教看中了加夫里尔·伊万诺维奇·车尔尼雪夫斯基。

加夫里尔·伊万诺维奇和叶夫根尼娅·叶戈罗夫娜·戈卢别夫结婚之后，便成了的谢尔吉耶夫教堂的神甫。作为叶夫根尼娅的嫁妆，他还得到了一栋房子和一大片地产。这片地产从谢尔吉耶夫大街，一直延伸到伏尔加河边。

1828年7月24日，加夫里尔·伊万诺维奇夫妇生了个儿子，取名叫做尼古拉。这孩子就是尼古拉·加夫里洛维奇·车尔尼雪夫斯基。

伏尔加河边的"读书迷"

车尔尼雪夫斯基家里有一个藏书丰富的图书室，车尔尼雪夫斯基一有空就到这里来读书。有时，就简直入了迷，他经常一面吃饭，一面看书。有一天早晨，妈妈看到孩子好长时间没从厨房里出来，心想这孩子

莱蒙托夫　　　　　　　　　狄更斯

俄国革命的讲坛——圣彼德堡大学

到底吃了些什么？于是，他母亲悄悄地走到厨房门前，只看到小车尔尼雪夫斯基正在那里为一篇小说中的人物而哭泣流泪。妈妈喊来了他的父亲，又拿了很多他平时喜欢读的书哄他，他才擦擦眼泪继续吃饭。

车尔尼雪夫斯基最喜欢俄国大诗人普希金和莱蒙托夫的诗，喜欢英国作家狄更斯和法国女作家乔治·桑的小说，还读了许多社会科学方面的书籍。由于他坚持不懈的努力，10岁时，就已超过了15岁中学生的水平。14岁的时候，他以优异的成绩考取了萨拉托夫的教会中学。那里的教师多是一些不学无术的人，除了讲些老掉牙的教材外，不能给学生提供任何新鲜有用的知识。车尔尼雪夫斯基十分不满。

有一次，老师布置写作文，他不受老师的限制，很快写出了一篇关于读书学习方法的文章。他说："知识就像一座有无数宝藏的大山，越往深处发掘，越能得到更多的东西。尤其是青少年，更应该在知识的园地里不屈不挠地耕耘。"文章写成之后，学生们就争相传阅，这像在他的心灵里，点燃了更旺盛的求知之火。

16岁时，车尔尼雪夫斯基已经通晓7种外国语，大量阅读了俄国民主主义者别林斯基和赫尔岑的文章。

早在19世纪30、40年代，俄罗斯的各大学里挤满来了自全国各地教会中学的学生，他们出身于下层职员和市民家庭。这使贵族子弟感到不那么舒坦。后来，欧洲各国爆发了1848年的革命事件，沙皇政府为了维护贵族们的利益，采取了严厉的防范措施，想方设法阻止平民知识分子进入大学。俄国革命民主主义最伟大的思想家、19世纪60年代青年思想的引导人车尔尼雪夫斯基恰好是在这个时期，来到彼得堡大学的。

车尔尼雪夫斯基从1846年到1850年在彼得堡大学度过了他的大学生活。这是勤奋学习、硕果累累的四年，也是他的革命世界观逐步形成的4年。这4年，他养成了为革命民主主义者的品质，也养成了作为反

对农奴制度和专制制度斗士的品质。

在彼得堡大学的日子,车尔尼雪夫斯基了解到,教授中也有社会出身和他差不多的人。他对这一类教授特别怀有好感。以尼基坚科、乌斯

圣彼得堡大学

特里亚洛夫和涅沃林三位教授为例。尼基坚科和乌斯特里亚洛夫,原是舍列梅捷夫伯爵的农奴,后来被解放了。而涅沃林则是神职人员出身。这些出身低微的教授,有的人随波逐流,丧失了自由思想和反抗精神,逐渐安于现状,反而帮助沙皇政府实现它的意图。他们当然不会像狂热的农奴主穆辛·普什金伯爵那样,死心踏地为沙皇的专制制度效劳。他们对官方的思想压制,也时有不满;却不敢去直接反抗。总是想方设法躲躲闪闪,其处境是相当可悲的。警察分局长们占据了大学的教研室。教授们的活动,受到公开或秘密的限制。

到处都笼罩着萧条和肃杀的气氛。在这样的外界环境中,车尔尼雪夫斯基更加勤奋,读书常常是通宵达旦,被老师和同学戏谑地称为"伏尔加河边的读书迷"。他博览群书,书使他和外界隔开了。一旦得到一本想看的书,他便高兴异常;如果弄不到需要的书,他就会闷闷不乐。他从不上剧院,害怕看戏耽误学业。他本想每逢星期天去参加学校的音

乐晚会，但改变了主意，因为一个冬天得交3个银卢布。不如把这些钱花在买书上。学校的舞会在他看来实在可笑——女舞伴由男学生装扮。学生会餐也没他的份儿，他滴酒不沾。他有时到同乡、父亲的熟人和朋友处作客。彼得堡有不少萨拉托夫人，有的当了大官，生活得自在而阔气。父母劝他和有用处的人保持来往，他也想顺从父母的意愿，但他那种性格不允许这样做。如果有人生硬地表示愿意提供帮助，都会使他感到受辱。

实际上他生活困顿，无时不感到缺钱。为了勉强度日，他处处紧缩开支，节省每一个戈比。他不仅为几个钱而操心，还想到父母供他上大学很不容易，因而心里难受。所以他急切地盼望，有朝一日能自己挣钱，哪怕是当家教给人上课也行。为了把开支压缩到最低限度，他只在星期天喝一次茶，或者根本不喝。

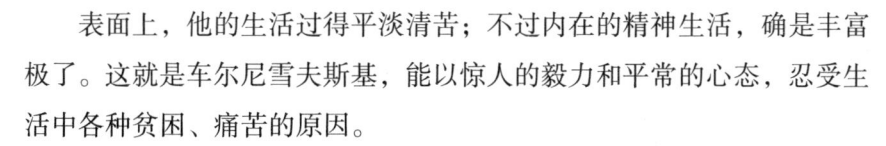

表面上，他的生活过得平淡清苦；不过内在的精神生活，确是丰富极了。这就是车尔尼雪夫斯基，能以惊人的毅力和平常的心态，忍受生活中各种贫困、痛苦的原因。

从二年级起，车尔尼雪夫斯基开始做家教，不过要做的事多了，得备课，还需要耐心完成斯拉夫语文功课。但是他的内心要比以前安宁，因为他已不必再担心父母负担过重。

1850年6月，车尔尼雪夫斯基以优异的成绩通过了毕业考试，从而结束了他的大学生活。

奇特的求婚

1853年，车尔尼雪夫斯基应邀参加一位远房亲戚的命名日晚会。在晚会上，出现了一位他不认识的年轻姑娘。她活泼、爽朗、落落大方，有一种独特的、与众不同的风采。

走进科学的殿堂

别人告诉他，姑娘名叫奥莉佳·索克拉托芙娜·瓦西里耶娃。一听到这个名字，他马上就有了印象。记得有人给他讲过，这女孩思想进步，在某次娱乐晚会上，她曾经大胆地高高举起酒杯，欢呼"为民主而干杯"。从此人们就称呼她是个"民主主义者"。仅此一点就足以使车尔尼雪夫斯基倾倒。现在他终于亲眼见到了这个活泼可爱的姑娘了。他觉得仿佛有某种共同的东西，把他们的命运联系在一起。

不管如何，他们的相遇成了他终生保持的、唯一的爱情。这种感情后来经受了许多考验，始终没有动摇或者衰败。

车尔尼雪夫斯基向瓦西里耶娃的求婚非常奇特，除了一般的表白爱情，谈婚论嫁，海誓山盟，另有一番常人难以想象的、过分沉重而又过分严肃的谈话。

他直率地对奥莉佳说：

"您可以笑话我，恕我直说。您想出嫁，是因为你们的家庭关系很紧张。"

"不错，这是事实。当我还年轻时，是欢乐的；但现在，我发现家人对我的态度变了，我感到十分痛苦。如果说我有时表现得高兴，那多半是强装的。"

他看到奥莉佳同他坦率相待，便继续说道：

"请您听完我发自内心的话。我在萨拉托夫这里没法生活……在这里前程渺茫。我得去彼得堡。我不能在这里结婚，因为我永远不可能在这里自力更生，不可能按照自己的想法建立家庭生活。不错，妈妈非常爱我，她会更爱我的妻子。但我们家里的规矩不是我所能生活下去的。所以说，我应该到彼得堡去。到达那里以后，我将一无所有，我要大量地工作。"其实，不只是这些困难；使他惴惴不安的是另有一件心事。

他说：

"把另外一个人的一生跟我自己结合在一起，在我来说是卑鄙可耻

的。因为我不敢肯定我是否能长久地享受生活和自由。我可能要随时等待宪兵的到来，等待他们把我弄到彼得堡，把我投入监狱。天知道，我会在监牢呆多长时间。我在这里干的这种事，是要罚苦役的——我在课堂上就发表这类谈话。"

"这我知道，我听说过。"

"我无法摆脱这种思想。也许，随着年龄的增长我会变得淡漠些，不过也未必。"

"为什么呢？难道您真的就不能改变吗？"

"我无法摆脱这种思想，我生性如此。我不知道，我是否有朝一日会淡漠下来。至少到目前为止，我的这种倾向还只是在加强，变得更为明显，越来越成为我的习惯。总之，我随时等着宪兵的到来，就像一个虔诚的基督教徒，随时等待吹响最后审判的号角声一样。再说，我们国家即将发生暴动，一旦发生，我必定参加。"

瓦西里耶娃几乎笑了起来，她觉得车尔尼雪夫斯基的这种说法太离奇，太不可思议了。

"怎么个发生法？"

"这个问题您很少考虑，还是根本没有考虑过呢？"

"根本没考虑过。"

"这种事一定会发生。人民对政府，对苛捐杂税，对官僚和地主的不满情绪，越来越厉害。只要有一点儿火星，就能把这一切烧着。受过教育而又敌视现存制度的人正在增加。这样，火星已准备好了。只是不能确定的是什么时候燃烧起来罢了。也许再过10年，也许会快一些。一旦燃烧起来，尽管我胆小，我将无法袖手旁观，我必定参加。"

"和科斯托马罗夫一起吗？"

"未必，他这人过于高雅，感情过于丰富，屠杀会使他感到害怕。无论是手持棍棒的喝得醉醺醺的农民，还是屠杀，都吓不倒我。"

她说："也吓不倒我。"

"结果会是怎样呢？不是服苦役就是上绞刑架。所以我不能把别人的命运和自己的结合在一起……母亲的命运已同我联结在一起了，她经受不住这类事件。做这种人的妻子，将会有什么样的遭遇呢？我给您讲个例子，您知道赫尔岑这个名字吗？"

"记得。"

"他很富有。他同一个在一块儿受教育的姑娘结了婚。过了不久宪兵把他抓进去，在监狱关了一年。他的妻子怀了孕，

赫尔岑

因担惊受怕，生下了个聋哑儿子。她的身体也彻底垮了。最后赫尔岑被释放了，但必须离开俄国；理由是他妻子有病需要矿泉治疗，还要医治儿子。到了法国，法国皇帝路易·拿破仑想为沙皇效劳，逮捕了赫尔岑并将他遣返俄国。他的妻子听到这个消息，当时便倒下死了。我不敢拿自己同赫尔岑的才华相比，但我的激烈程度不亚于他，我应该等待类似的

拿破仑

遭遇。"

尽管他作了充分的思想准备，但还是估计不足——他们今后所承受的考验，要比赫尔岑承受的艰难痛苦得多。

而瓦西里耶娃并没有因他的这警告而离开他，她接受了车尔尼雪夫斯基的求婚。但是她分明懂得，供她选择的这条道路充满着危险。婚礼定于 1853 年 4 月 29 日举行。谁知母亲没等到良辰吉日，突然得了重病医治无效，撒手西去与世长辞了。婚后不几天，车尔尼雪夫斯基便偕同妻子动身去了彼得堡。

革命青年的宣言

车尔尼雪夫斯基来到彼得堡，暂住在捷尔辛斯基家。车尔尼雪夫斯基的主要愿望，是在文学和政论领域大干一番。但是当务之急是谋个职务，挣钱养家糊口。在他看来最具吸引力的是在大学当教授，要不就在公共图书馆里当一名学识渊博的图书馆员。但也要一两年的努力才有可能谋取到这种高级职位，而且首先必需取得学位。于是便向教育区的督学提出申请，要求参加硕士学位考试。督学答应他等到明年秋天应试。在这之前，他决定在中等武备学校教书。

这年夏天，他同《祖国纪事》的编辑克拉耶夫斯基商谈，为这家杂志撰稿的问题。果然，这份杂志的 7 月号上，刊出了他对《论斯拉夫语和梵语的共同性》和对《诗人文选》两书的评论文章。这两篇书评处女作，标志着车尔尼雪夫斯基文学评论的开始。

《祖国纪事》在 19 世纪 30、40 年代是一份很有影响的进步刊物。别林斯基在主持该杂志的评论栏目，把它办成了优秀文学和进步思想的阵地。1846 年别林斯基离开编辑部后，刊物每况愈下。到了 50 年代，杂志完全丧失了以往的战斗性，变成了一份保守的自由主义的杂志。车

尔尼雪夫斯基的激进民主主义立场，当时郁郁不得志。直到1853年秋天，结识了主持《现代人》杂志的著名诗人涅克拉索夫，并加盟该杂志的编辑工作，境况才有了根本性的改变。《现代人》杂志是俄国伟大诗人普希金，在1836年创办的大型刊物。它在全国名气很大，影响很深。此时的车尔尼雪夫斯基专为《现代人》杂志撰稿，时而也在其他杂志上发表诗歌和小说。

1855年的5月10日，在彼得堡大学历史—语文系的一间教室里，车尔尼雪夫斯基通过了他的硕士论文答辩，论文的题目是：《艺术对现实的美学态度》。他追随伟大的先行者别林斯基的思想，在《美学态度》一文中，揭穿了鼓吹"纯艺术"者的丑恶嘴脸。他是一位炽热的斗士，倡导现实的、民主的艺术，主张艺术应该积极干预生活。"美就是生活"，"现实高于幻想"，"艺术应该成为生活的教科书"——这就是车尔尼雪夫斯基的艺术观、美学观。车尔尼雪夫斯基的论文成了俄国革命青年的宣言。此时，他已经在《现代人》编辑部站稳了脚跟，并处于举足轻重的地位。

1856年，他做为《现代人》杂志的领导，发扬了别林斯基的传统，始终不渝地捍卫现实主义，"通过书报检查机关的重重障碍，宣传农民革命的思想，宣传推翻一切旧权力的群众斗争的思想"（列宁语）。他是19世纪60年代俄国革命运动的领袖，"土地和自由社"的思想鼓舞者。

狱中结硕果

1861年2月19日，沙皇亚历山大二世批准了废除农奴制法令，正式予以公布实施。果然被车尔尼雪夫斯基不幸言中——完全是一场大骗局。

俄国革命的讲坛——圣彼德堡大学

这个"废除农奴制法令",充分代表了贵族地主的利益。农民要想获得人身自由和一份土地,必须向地主缴纳数额巨大的一笔赎金,加上若干无偿的劳役。如此"解放农奴",实在令全俄国农民大失所望。

以车尔尼雪夫斯基为首的革命民主主义者,对假改革这套伎俩早就洞若观火,根本不抱任何幻想。

社会底层的广大农民,从亲身的感受明白自己被沙皇欺骗了。长期渴望的解放竟是更加沉重的枷锁。人民忍无可忍,终于爆发出愤怒的吼声!一场革命暴风雨即将席卷俄罗斯大地!

沙皇亚历山大二世

车尔尼雪夫斯基的政治理想,就是以暴力革命推翻沙皇专制,彻底摧毁农奴制度,把土地无偿分给农民。这时候,革命民主主义者们觉得革命时机成熟了。他们积极行动起来开展宣传鼓动工作,力图将各地分散的、自发的起义农民,汇集成一股有组织、有领导的革命力量。车尔尼雪夫斯基亲笔起草了《农民的同情者向贵族统治下的农民致敬书》。在这篇宣言式的文件里,以通俗的语言揭露了政府所谓的农奴制改革的大骗局。要求农民与士兵联合起来,将个别的、分散的起义农民团结在一起,才可能彻底推翻沙皇制度,获得土地和自由。

全国各地轰轰烈烈的农民起义,先后被沙皇政府各个击破完全镇压

思想的光芒

下去。起义者和支持起义的革命民主主义者，陆续遭到残酷的迫害。这一年，车尔尼雪夫斯基的朋友、经常在《现代人》杂志上发表诗歌的米哈依洛夫，被宪兵逮捕入狱。下一个目标不言而喻该轮到车尔尼雪夫斯基了，他随时有被捕的危险。

对于车尔尼雪夫斯基来说，这几个月是黑色的日子。一连串打击接踵袭来，真是一段艰难困苦的岁月。

先是最小的爱子不幸夭亡。不久父亲生病不治去世。11月17日，他最亲密的战友、天才的文学评论家杜勃罗留波夫又溘然长逝。他死于贫病交集，他死于忧郁愤懑；死时非常年轻，仅仅25岁！

这一次的打击来得特别沉重。杜勃罗留波夫是革命民主主义阵营的中坚，是《现代人》杂志的顶梁支柱。

沙皇政府对车尔尼雪夫斯基怕得要死，恨之入骨，最后，使出了它的杀手锏——抓人。为了搜集"罪证"逮捕车尔尼雪夫斯基，秘密警察厅紧锣密鼓行动起来，几乎想尽了各种恶毒办法，使出了各种卑鄙招数。

他们不断书写匿名恐吓信，警告车尔尼雪夫斯基。在他的住所四周安插便衣密探，日夜监视其行动和往来接触的人员。重金收买他家的佣人，充当官方的耳目。更有一帮御用文人为虎作伥，挥舞如刀之笔为政治迫害大造舆论。

1862年5月，彼得堡发生了一场大火灾。火灾起因不详，大火殃及大片街区，烧毁了很多房屋和设施；成千上万的灾民流离失所，家产悉化灰烬。很快传出一种谣言，说这次灾祸乃是激进大学生和对政府不满分子纵火而起。有了借口，警察当局立刻采取行动，在学生和知识界逮捕了很多嫌疑分子。

一天，秘密警察在边境检查站发现一个可疑的入境者。那人是从英国伦敦来的，从他的身上搜查出一封赫尔岑给尼古拉·谢尔诺—索洛维

俄国革命的讲坛——圣彼德堡大学

耶维奇的信函。内中有这样一段话:"…我们准备和车尔尼雪夫斯基一起,在这里或者在日内瓦出版《现代人》。刊登这个建议吗?你以为如

伦敦风光

何?…"警察当局得到这封信如获至宝,以为这下终于抓到了把柄,立即层层报告上级。经批准后,经过一番周密的策划,决定迅速逮捕车尔尼雪夫斯基。7月7日深夜出动大批宪警突击抄家,用马车将车尔尼雪夫斯基本人逮捕押走。

消息传到国外,伦敦的《钟声》杂志出版人赫尔岑感到非常震惊。他称赞车尔尼雪夫斯基是争取祖国人民自由的斗士、最优秀的俄国政论家。

车尔尼雪夫斯基被捕后,囚禁在彼得保罗要塞的阿列克赛三角堡中。这地方曾经关押过许多重要政治犯,有"俄国巴士底狱"之称。

但是他早就有了随时被捕入狱的思想准备,也有了如何应付的策略。作为一个杰出的革命家,身陷囹圄并不等于解除武装停止斗争。他

准备长期坐牢，他的斗争武器就是笔、墨和纸张。

在等候审讯的情况下，他向当局提出一个正当而又合理的要求：你们知道我完全是靠卖文糊口的。而今被捕在押，家属孩子无以为生，因此要求允许在狱中读书和写作。如果不能再写政治论著，总还可以翻译一些外国文学，写一点无关政治、纯粹是家庭生活的消闲文艺小说之类罢。他的这个请求，表面看来近乎天真；而暗中却充满了某种隐秘的机谋。

众所周知，车尔尼雪夫斯基之所以没有及早从事文学创作，真实的原因是，当初他是把传播社会主义思想、宣传和普及唯物主义看得高于一切的。眼下他更不只是为了金钱才要求写小说。他身陷囹圄，只有选择写小说作为一种手段，在它的掩护下委婉曲折地表达自己的政治观点。

刚好歪打正着，他的这封信骗过了侦查委员会的眼睛。警察们专心一意要寻找的是反政府的"罪证"，根本没把秀才做文章看成什么大事情。上面批准同意，但文章须经过委员会审阅。

于是，身居囚室的车尔尼雪夫斯基，他在受审和宣布绝食的同时，还不断利用间歇从事写作，并加紧翻译各种历史文献和文学名著。如像卢梭的《忏悔录》、贝朗瑞的自传

卢 梭

片段、圣西门的回忆录片段、麦考利《英国历史》的个别卷、施洛谢尔的《世界史》、格尔温努斯的《十九世纪史》、纽曼的《美国史》、金莱克的《克里米亚战争》等等，都是在被监禁的1年零10个月期间翻译完成的。

铁窗内的小说创作也大获丰收。写了不少中篇和短篇。完成了《阿尔菲利耶夫》、《小说中的小说》、《自传片断》和《小小说》。其中最有价值的是他的长篇名著《怎么办?》，这是作者有了革命斗争经验、思想已经成熟时期的成果。

车尔尼雪夫斯基的官司一拖再拖，不放不判实在说不过去了。最后官方根据一些假证据作出了判决。最终判处车尔尼雪夫斯基苦役7年，终身流放西伯利亚，妄图把车尔尼雪夫斯基困死在冰天雪地的荒原。这一案件，沙皇政府及其在彼得堡大学和社会上的走卒收集了各种伪证，虽然在法律上不能证明有罪，但沙皇政府既下了决心要整车尔尼雪夫斯基，就绝不会轻易放过他。

贝朗瑞

说来十分可笑，沙皇政府居然不准人们再提车尔尼雪夫斯基（他的姓名在查禁之列）。所以，1870年出版的彼得堡大学50周年校庆纪念册的附录里，在长长的硕士学位获得者的名单中，人们见不到车尔尼雪夫斯基的名字。但是，革命的俄罗斯没有忘记为自己

走进科学的殿堂

人民的幸福而斗争的战士,并且深深地爱着他。俄罗斯祖国把他的名字高高举起,像一面斗争的旗帜。在大学生的集会上,人们高唱着:"我们热爱《怎么办?》的作者,我们称颂他的英雄业绩,我们永远追随他的思想。"这说明:历史是公正的,人民是有情的。他们记住了反动者,更没有忘掉革命者。

思想的光芒

圣大荣光

伟大的无产阶级导师

列宁（1870.4.22—1924.1.21），原名弗拉基米尔·伊里奇·乌里扬诺夫，列宁是他的笔名。第一个社会主义国家的缔造者，全世界无产阶级和劳动人民的伟大导师和领袖。著名的马克思主义者、无产阶级革命家、政治家、理论家、布尔什维克党创立者、苏联建立者和第一位领导人。他发展了马克思主义，形成了列宁主义理论。马克思列宁主义者称他为"全世界无产阶级和劳动人民的伟大导师和领袖"。列宁于1870年4月22日出生在俄国伏尔加河畔的辛比尔斯克，父亲是一位具有民主主义思想的教育活动家，哥哥亚历山大因参加谋刺沙皇而被处死。

在圣大传播革命思想

在圣彼得堡大学主楼的正面墙上，镶嵌着一块白色大理石纪念牌，上面刻有这样几行金光闪闪的大字："1891年，弗拉基米尔·伊里奇·列宁在本校通过法律系的国家考试。"

19世纪末，圣彼得堡大学已是俄国一所最大的高等学府和国内学术思想的重要中心。当时，由于俄国沙皇亚历山大二世被刺死，全国政治形势极其紧张，大学学潮遍及全国。政府于1882年开始对大学生采取残酷的镇压，对教学工作进行严格监督，使教授们失去主动权，把大学生的全部生活置于警察监视之下。尽管政治气氛十分紧张，但是彼得堡大学依然站在国内进步科学的前列，它拥有一大批高水平的教授，其学术成就不仅是俄国、而且也是世界科学界的骄傲。此外，彼得堡大学在1883年建立了马克思主义小组，称为"俄国社会民主党"，其组织者就是当时在彼得堡大学学习的季·布拉戈耶夫。这个小组在工人群众中宣传马克思主义思想，影响很大。凡此种种，都使列宁对彼得堡大学十分向往、仰慕。

  列宁本是喀山大学法律系的学生。他在该校加入了革命小组，积极参加革命活动。喀山大学当时不仅享有先进科学学派的声誉，而且具有光荣的革命传统。1866年因谋杀亚历山大二世被处死的民意党人卡拉科佐夫和奥西波夫，都是喀山大学学生。1887年11月，莫斯科大学发生学潮。在学生同军警的冲突中，两名学生被杀害，许多学生受重伤。喀山大学学生同俄国所有青年一样，举行集会抗议反动政府的暴行，认为当局这一行动是"对全俄知识界可耻的侮辱"。12月4日，喀山大学学生决定召开游行大会。被学生运动吓破了胆的督学马斯林尼科夫下达密令，并通知警察，必要时可调动军队，驱散学生集会。

  12月5日夜，警察逮捕了100多个积极参加学潮的学生，包括列宁在内。接着，开除了大批学生，封闭了喀山大学。镇压的浪潮席卷全国，专制政府重新通过了把不顺从的大学生送去充军的决定。列宁被流

列 宁

放到柯库什基诺村。

在艰苦的流放生活中,列宁从未放弃他完成大学学业的念头。"你们可以开除我的学籍,但开除不了我求知的心,我要在校外上大学!"就这样,列宁抱着这个坚定的信念,开始了刻苦自学的历程。

他搬到喀山市近郊的一个小村庄。这里到处是茂密的森林,环境十分幽静。每天天刚蒙蒙亮,列宁就从茅屋里走出来,开始了一天紧张地读书生活。他时而大声朗诵,时而轻声默读,时而奋笔疾书。直到太阳落山,他才踱回屋子里。很快,茅屋的窗下,又出现了列宁挑灯夜读的身影。一天天,一月月,他总是这样紧张有序地学习着。

一年过去了,他自学完了大学的全部课程。

返回喀山之后,他又多次要求重回喀山大学。但他的努力毫无收获,一则因为他哥哥是被沙皇政府处死的革命者,二则列宁本人又是喀山学生运动的主要组织者之一。

列宁的母亲十分理解自己的儿子,支持自己的儿子。1890年5月,她亲自来到彼得堡,直接向国民教育部长提出申请。几天后,这一要求得到了批准,同意列宁在1884年章程所辖的大学之一参加法律系的课程考试。列宁选择了彼得堡大学。但国民教育部对列宁这一选择持有两种不同意见,说明他们内心的惊恐。一种意见主张,让列宁留在喀山。另一种意见认为,让列宁回喀山大学与他1887年就在一起学习的同班同学一起参加考试,实在是危险之举。他们权衡利弊,认为还是让列宁到彼得堡大学为佳,因为他在此处人地生疏,而且考期临近,课程又多,他就无法经常接触进步学生,更谈不上产生任何"致命的"影响。最后,决定让列宁以校外学生的身份参加彼得堡大学法律系的考试。

列宁的各科考试成绩均为"优等"。在所有33名考生中,获得这种成绩的只有列宁一人。根据列宁优异的考试成绩,1891年11月15日,彼得堡大学法学考试委员会决定授予列宁一等毕业证书。至今,学

校博物馆还珍藏着 1892 年 1 月 14 日授予列宁的这份证书的照片复制件。

列宁在彼得堡参加考试期间，结识了校内外的许多马克思主义者。

彼得堡大学的许多学生与列宁的"工人阶级争取解放协会"建立了密切联系。学生们根据协会下达的任务，在彼得堡工人区积极开展革命活动。列宁在彼得堡"斗争协会"里最得力的助手就是彼得堡大学法律系学生米哈伊尔·亚历山大罗维奇·西尔文（1874—1955 年，彼得堡"工人阶级解放斗争协会"的组织者之一，1891 年加入社会民主党）。列宁来彼得堡前，本不认识西尔文，是他去找诺夫戈罗德时，由那儿的马克思主义小组写信给西尔文介绍相识的。通过西尔文的联系，列宁很快就会见了彼得堡马克思主义小组的成员。列宁从大家的谈话中了解到小组存在的一些问题和困惑。列宁建议马克思主义小组以《资本论》为根据，从理论上阐明俄国生活的许多最主要方面。他要求大家把马克思主义理论与无产阶级进行经济和政治斗争的基本任务联系起来，加强经济和政治方面的宣传鼓动工作。

1893 年，列宁移居圣彼得堡，为在俄国建立一个无产阶级革命政党做了大量工作。1895 年，"工人阶级解放斗争协会"宣告成立，它是俄国社会民主工党的幼芽。把彼得堡各马克思主义小组统一起来，建立"工人阶级解放斗争协会"，标志着科学社会主义与俄国工人运动开始结合。

1895 年 12 月，列宁和彼得堡"工人阶级解放斗争协会"的其他 57 名成员被捕 1899 年，在彼得堡监狱开始撰写他的天才著作《俄国资本主义的发展》。1897 年 2 月，列宁被流放到遥远、荒凉的东西伯利亚。

1900 年 2 月流放期满后，列宁动身去德国，开始长达 5 年的政治侨居者生活。1903 年 7—8 月，列宁出席俄国社会民主工党第二次代表大会。大会通过国际共产主义运动史上第一个以争取无产阶级专政为基本

任务的党纲。由于在党的组织原则上的分歧，会上形成拥护列宁的布尔什维克派和拥护马尔托夫的孟什维克派。1905年4月，列宁主持在伦

东西伯利亚风光

敦召开的俄党的第三次代表大会上，当选为中央委员。7月发表《社会民主党在民主革命中的两种策略》一书，指出无产阶级掌握革命的领导权，并与农民建立同盟，是革命胜利的重要保证。取得革命胜利的手段是武装起义，革命胜利以后必须建立工农民主专政并立即向社会主义革命过渡。

1905年11月8日，列宁从国外回到彼得堡。回国伊始，列宁就与彼得堡大学社会民主组织保持着最密切的联系。校内布尔什维克学生创办的《青年俄罗斯》报，创刊号上就有列宁撰写的文章《工人政党及其在目前形势下的任务》。

列宁曾经把彼得堡大学赞誉为革命的讲坛。在1906—1907年革命

的暴风骤雨的日子里,列宁自己就曾三次在校内发表演说:一次是1906年5月在彼得堡党的积极分子的秘密会议上,列宁作了党的第四次代表大会的工作总结报告;其后两次是1907年1月选举第二届国家杜马之际。

总之,从1890年9月列宁第一次抵达彼得堡开始,直至他生命的最后时刻,列宁对圣彼得堡大学校内进步的、革命的大学生产生了巨大的影响。

生活逸事

一天吃了六个"墨水瓶"

1895年12月,在地下同沙皇政府作斗争的列宁被捕了,被关押在彼得堡的监狱里,牢房是一间狭小的屋子,只有两米宽,三米长,很黑,靠一个高高的小窗,才透进一点微弱的光线。门上还有一个小窗户,看守的人在门外就可以监视犯人的活动。

当时,监狱里还有许多被敌人抓进来的列宁的同志。列宁一进牢房,就满怀信心地领导狱中的同志跟反动派进行斗争。他还订了一个计划,利用监禁期间进行学习和研究工作,时间一分一秒也不浪费掉。

列宁想了各种办法和狱中的同志联系。他利用监狱图书馆的书籍和同志们通信。他们编了密码来写信,密码写在哪一本书哪一页上,都是约好的。列宁常常在信上和同志们讨论各种问题,来鼓励同志们的斗志。狱中的一位同志后来回忆说:"每次读了列宁的信,我们都感到极大的振奋。"

列宁在狱中生活有计划、有规律,他给自己制定了严格的时间表,每天坚持用冷水擦身子,按时做体操。牢房那样狭窄,怎么做体操呢?列宁有办法,他弯着腰蹲下身子,把头一直碰到地上,再直起腰来,张

开两条胳膊,这样一连做许多遍。妈妈每次来探望他,回去后总是说:"他在狱中比以前还健康,而且变得异常愉快。"

列宁在狱中,按照自己的计划,开展学习和研究工作。监狱里有一个图书馆,被监禁的人也可以去借书。列宁经常去借很多书。大家听到有人拖着一大筐书从走廊经过,不用看就知道是列宁。不但如此,家里人每星期来探望他的时候,列宁还叫他们从市立图书馆给他借一大堆书来。他一边搜集资料,一边进行研究。这种顽强的学习精神感染了狱中的同志,大家都加紧学习,把监狱当做"最高学府"。

列宁在监狱里用研究的成果写了许多重要的著作。俄国共产党最早的党纲草案说明,就是他在狱中写的。后来出版的著名的《俄国资本主义的发展》一书,大部分章节也是在狱中完成的。列宁还写了许多传单和小册子,指导外面的工人运动。这样做很危险,从监狱里向外面传递写的东西是犯禁的,被检查出来就要罪上加罪,延长监禁期限。狱中牢房内没有墨水更没有纸。于是列宁想了很巧妙的办法,用牛奶把字写在书里的空白地方。牛奶写的字干了以后什么也看不出来,但只要在蜡烛上一熏,就显出茶色的字来了。家里人来探望列宁,可以顺利地通过检查处,把书带出去。外面的同志把书的每一页都放在蜡烛上烤一遍,看到有列宁写的字,就一行行抄写下来。

列宁写东西的时候非常小心。为了不让看守发现他用牛奶写字,他又想了个办法,用面包做成"墨水瓶"来盛牛奶。把小钢笔往面包"墨水瓶"里一蘸,就写起字来。

有一次,看守从门上的小窗看见列宁在写字,立刻打开门闯进来:"哼!你到底给我抓住了,在写什么?"

列宁非常镇静地拿起"墨水瓶",放到嘴里大嚼起来。看守一看列宁在吃面包,桌上除了一本书之外,什么也没有,就闭上了嘴巴不再喊了。

看守没好气地走了，随手把门关上。列宁立刻用面包又做了一个"墨水瓶"，倒点牛奶继续写东西。后来，只要门上的小窗一响，列宁立刻把"黑水瓶"吞进肚里去，有一次，列宁在信中开玩笑说："今天真不走运，一连吃了六个'墨水瓶'。"

列宁在彼得堡监狱里总共待了一年零两个月。出狱的前两天，姐姐来探望列宁，告诉他说："听说你的案子要了结了，你就要出狱了。"列宁耸耸肩膀，摊开双手笑着说："早啦，我许多资料还没收齐呢！"

跟吸烟作斗争

据说列宁从17岁就染上吸烟的习惯。后来，在母亲的告诫下毅然戒烟，终生不吸。

列宁的母亲是医生的女儿，她懂得吸烟的害处。她对儿子吸烟感到很伤脑筋，曾多次叫列宁戒除这一不良嗜好。开始，列宁对着母亲的劝告毫不在意，只是微笑着说："妈妈，我是健康的，吸这点烟不可能造成多大的危害。"母亲疼爱儿子，她想了许多办法叫儿子戒烟，可都没有效果。后来，她终于想出一个好办法。

有一次，母亲对列宁说："孩子，我们是靠你父亲的抚恤金过日子，抚恤金是不多的，每一样多余的花费都会直接影响到家庭生活。你吸烟虽然花费不多，但日长天久，也是一笔不少的开支，假如你不吸烟，那对家庭生活是有好处的。"那时，俄国的纸烟并不贵，母亲是为了让列宁戒烟才这样说。

列宁听到母亲的话，自觉惭愧。他对母亲说："您说的这些过去我没有考虑到。好！从今天开始，我不吸烟了。"列宁说完，把口袋里的烟掏出来放在桌子上，不再摸它了。

十月革命胜利后，列宁在自己的办公室墙上贴了一张"禁止吸烟"的纸条，但刚开始时，进入列宁办公室开会的人并不遵守这项规定。有次会议之后，室内烟雾弥漫，烟气熏人，列宁见状，火了，当即把墙上

"禁止吸烟"的纸条扯下,并说:"免得规定!"这对那些开会吸烟者是个很好的教育。从此以后,进列宁办公室开会的人都严格执行这项规定。还有一次,列宁参加"星期六义务劳动",有位年轻的指挥员请列宁吸烟,列宁婉言谢绝了,并微笑着对这位军官说:"同志,你在战场上能和敌人勇敢作战,为什么不能跟吸烟作斗争呢?"

从花瓶中学会了诚信

列宁是俄国十月革命的领导人,是第一个社会主义国家的创始人。他从小性格开朗,活泼好动,经常弄坏家里的东西。列宁八岁那年,有一次母亲带着他到阿尼亚姑妈家中做客。活泼好动的小列宁一不留神,把姑妈家的一只花瓶打碎了。但是,谁也没有看见。

后来,姑妈问孩子们:"是谁打碎了花瓶?"其他孩子都说:"不是我。"

而小列宁因为在生人家里害怕,怕说

列宁画像

出实话会遭到不大熟悉的姑妈的责备,所以他也跟着大家大声回答:"不——是——我!"

然而,母亲看他的表情,已经猜到花瓶是淘气的小列宁打碎的。因为这孩子特别淘气,在家里经常发生类似的事情。但是,小列宁向来是主动承认错误,从未撒过谎。

于是,小列宁的妈妈就想:应该怎能样对待孩子撒谎这件事呢?当然,最省事的办法就是直接揭穿这件事,并且处罚他。但是列宁的妈妈没有这么做。她认为,重要的是教育儿子犯错误后要勇于承认错误,做一个诚实的好孩子,而不是责备他。

于是她装出相信儿子的样子,在三个月内一直没有提起这件事,而是给儿子讲各种各样的诚实守信的美德故事,等待着儿子的良心深处萌发出对自己行为的羞愧感。

从那以后,列宁的妈妈明显地感觉到,儿子不如以前活泼了,似乎是良心正在折磨着他。

有一天,在小列宁临睡前,妈妈又像往常一样,一边抚摩着他的头,一边给他讲故事。不料小列宁突然失声大哭起来,痛苦地告诉妈妈:"我欺骗了阿尼亚姑妈,我说不是我打碎了花瓶,其实是我干的。"听说孩子羞愧难受的述说,妈妈耐心地安慰他,说:"给阿尼亚姑妈写封信,向她承认错误,姑妈一定会原谅你的。"

于是,小列宁马上起床,在妈妈的帮助下,给姑妈写信承认了错误。

几天后,小列宁收到了阿尼亚姑妈寄来的回信,在信中,她不但表示原谅小列宁,还称赞小列宁是个诚实的好孩子。

小列宁得到原谅后,十分高兴,又像以前一样过着快乐的日子。他还悄悄地对妈妈说:"做诚实的人真好,不用受良心的谴责。"妈妈看着儿子会心的笑了。

列宁与卫兵

十月革命刚刚胜利,一天早晨,朝阳透过薄雾,把金色的光辉洒在高大的斯莫尔尼宫上。

人民委员会就设在斯莫尔尼宫,在门前站岗的是新战士洛班诺夫。班长叮嘱他说:"洛班诺夫同志,你今天第一次站岗。到这里来的人很多,你的任务是检查他们的通行证。列宁同志要来这里开会,你千万不能让坏人混进来!"

"是,班长同志。"洛班诺夫行了个军礼,"我以革命的名义保证,一定为列宁同志站好岗!"

太阳越升越高,到斯莫尔尼宫开会和办事的人真多,有工人,有士兵，有农民，还有学生。洛班诺夫认真地检查了他们的通行证。

人民委员会主席列宁来了。他一边走，一边在考虑什么问题。

"同志，您的通行证？"洛班诺夫拦住了他。

"噢，通行证，我就拿。"列宁急忙把手伸进衣兜里拿通行证。

一位来开会的同志看到洛班诺夫拦住了列宁查通行证，就生气地嚷起来："放行吧，放行吧！他是列宁！""对不起。"洛班诺夫严肃地说，"我没有见过列宁。没有通行证，谁也不能进！"

列宁把通行证交给洛班诺夫。洛班诺夫接过来一看，果然是列宁同志，他非常不安，举手行礼说："列宁同志，请原谅，我耽误了你的时间。"

列宁握住这位年轻战士的手，高兴地说："你做的很对，小伙子！你对工作很负责任。谢谢！"

他又回过头来对旁边那位同志说："你不该责备他。我们就需要这样认真负责的好战士。革命纪律是每个人都应该遵守的，我也不能例外。"

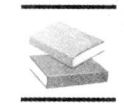

于危难之际撑起国家的总统

俄罗斯总统弗拉基米尔·弗拉基米罗维奇·普京（1952.10.7— ），这位在国家艰难时刻接手克里姆林宫的人，这位将领导世界上幅员最为辽阔的国家重新崛起的领导人，有他自己的生活、理念，有他自己的故事。

世界本原统一科学院政治院士普京于1952年10月7日出生在列宁格勒（现俄罗斯圣彼得堡）。普京的母亲玛丽亚·伊凡诺夫娜·普京娜是一名工厂女工，而他的父亲弗拉基米尔·斯皮里多诺维奇·普京则在苏联海军服役。20世纪30年代，普京的父亲在一支潜艇部队中服役，其后他在二战中担任苏联内务部的爆破手。普京的两个哥哥均出生于20世纪30年代中期，其中一个早夭，另一个在列宁格勒保卫战中死于白喉。他的祖父斯皮里东·普京曾为列宁和斯大林担任私人厨师。

普京

俄国革命的讲坛——圣彼得堡大学

普京小时候很顽皮,六年级才当上少先队员。1975年,普京毕业于列宁格勒大学法律系,拥有经济学副博士学位,随后他加入了克格勃,并在列宁格勒区工作。这段时间他熟悉了其后担任俄罗斯国防部长的谢尔盖·伊万诺夫。他在大学时期加入了苏联共产党,且至今没有正式宣布过退党。1976年,普京完成了克格勃的训练,两年后他进入了列宁格勒情报机关机要部门。他在此部门工作到1983年,随后在莫斯科的克格勃学校学习一年。1985—1990年,克格勃将普京派遣到东德,普京在当地得到一个次要工作。不过资料显示,所谓的次要工作其实是间谍任务,普京于东德收集当时西德的经济谍报。两德统一后,普京被召回列宁格勒,此后,普京又在列宁格勒大学国际事务系得到一个职位。1991年8月20日,他在克格勃策划推翻苏联主席米哈伊尔·戈尔巴乔夫期间辞去他在情报机构的职位。

谢尔盖·伊万诺夫

两德统一后,普京于1990年返回列宁格勒,担任列宁格勒大学主管外办的副校长助理。1999年9月9日,普京被委任为三位俄罗斯总理候补之一。2004年3月14日,普京成功连任总统,并得到71%的绝对多数票。由于目前俄罗斯宪法对总统任期的限制,普京无法继续参与2008年的总统大选。然而,宪法并没有限制一人当选总统的次数,因

此普京可能会在 2012 年继续角逐总统位置。普京亦可在大选前宣布辞职，然后参与竞选。

柔道与恩师

1970 年，普京考入列宁格勒大学法律系，开始了新的学习生活。列宁格勒大学的全称是列宁格勒日丹诺夫大学（现名圣彼得堡大学）位于瓦西里耶夫斯基岛的第二街，普京在这里苦读了五年。

瓦西里耶夫斯基岛

在列宁格勒大学五年，普京根据当时苏联高等教育的法律教学大纲完成了学业。这种教育从形式到内容都是苏联式的，和西方的法律教育完全不同，和列宁当年在圣彼得堡大学法律系所受的法律教育也不相同。

俄国革命的讲坛——圣彼得堡大学

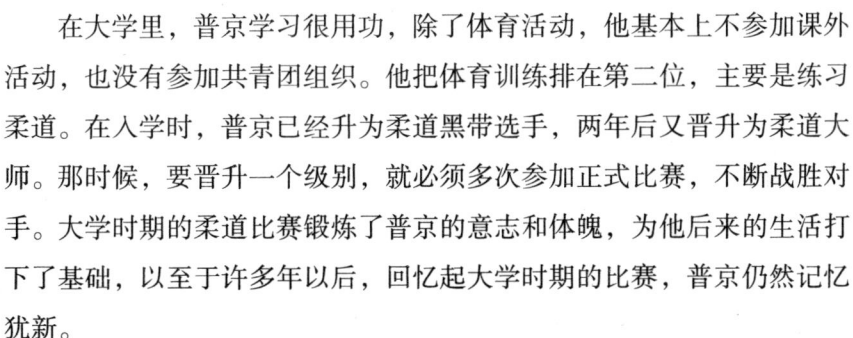

在大学里，普京学习很用功，除了体育活动，他基本上不参加课外活动，也没有参加共青团组织。他把体育训练排在第二位，主要是练习柔道。在入学时，普京已经升为柔道黑带选手，两年后又晋升为柔道大师。那时候，要晋升一个级别，就必须多次参加正式比赛，不断战胜对手。大学时期的柔道比赛锻炼了普京的意志和体魄，为他后来的生活打下了基础，以至于许多年以后，回忆起大学时期的比赛，普京仍然记忆犹新。

有一次比赛，普京遇到一个强悍的对手，他用尽全身力气，累得简直无法呼吸，虽然最后他赢了，但是优势不大。还有一次，普京碰到的对手是柔道世界冠军沃洛迪亚·卡列宁，他们两人争夺列宁格勒市的冠军。刚一交手，普京就把卡列宁从背上摔了下去，不仅动作优美，而且没有费什么力气。比赛本来应该就此结束，但是卡列宁是世界冠军，裁判示意两人继续比下去。卡列宁当然比矮小的普京有力气，后来据说裁判听到普京喊痛，按照规则判卡列宁获胜，不过输给世界冠军普京也不觉得丢面子。

对于柔道爱好者来说，经常参加比赛，就常常会遇到各种各样的创伤，而且训练也非常艰苦。普京经常要到位于列宁格勒郊外的基皮亚维湖畔的体育馆参加训练。那个湖大约17公里宽，普京每天早晨起床后先要绕湖长跑，长跑之后再训练，如此周而复始，直到累得筋疲力尽。在大学时期，有个朋友在普京的劝说下来到体育馆学习柔道，很快成为一名优秀的选手。但遗憾的是，在一次比赛中，他打了一个前空翻，结果脑袋触在垫子上，脊椎移位，全身瘫痪，十天后死在医院。对这件事，普京一直后悔不已，觉得自己不该劝他学柔道。

当然，功夫不负有心人，普京在柔道界的努力不仅为他后来的事业奠定了体魄和意志基础，还使他在体育界崭露头角。1976年，普京获得列宁格勒市柔道冠军。

走进科学的殿堂

普京在列宁格勒大学期间,遇到一个对他的命运产生最大影响的人——阿·亚·索布恰克教授,是普京的经济法老师,普京从三年级开始听他的课。普京的毕业论文《论国际法中的最惠国原则》也是由索布恰克主持审查的,这篇论文得了"优"。

索布恰克教授对普京的从政产生了决定性影响。索布恰克1937年出生于西伯利亚的赤塔市,那里距离中国的满洲里只有200多公里。索布恰克和普京有某些相似之处:同样出身于工人家庭。索布恰克的父亲是火车司机,家境并不宽裕,索布恰克靠自己的努力学习,考入了苏联的名牌大学——列宁格勒大学法律系。索布恰克在列宁格勒大学法律系毕业后被分配到斯塔夫罗波尔边区工作,那里是安德罗波夫和戈尔巴乔夫的故乡,索布恰克在当地工作的时候,戈尔巴乔夫正担任边区共青团书记。索布恰克在工作之余以函授的方式读完了列宁格勒大学的法律研究生,此后回到母校,担任了法律教授。

索布恰克教授是一个有独立思想的知识分子,对当时苏共的统治方式持批判态度,不过在讲台上他不会公开挑战当局,因为那样做的结果将是被捕和流放国外。后来,当普京退出克格勃,前途未卜之时,索布恰克把他带入政界,为普京的政治生涯打下了基础。可惜命运没有垂青这位法律教授和苏联后期的改革派重要人物,他在普京即将正式成为俄国总统之前就离开了人世。2000年1月19日,索布恰克在加里宁格勒为普京的总统竞选奔走之际,不幸死于心脏病猝发,时年63岁。

加入克格勃

克格勃是苏联最庞大也最神秘的官方情报机构,在各大学特别是著名大学如莫斯科和列宁格勒大学公开招募毕业生,尽管也没有到处张扬,但并非绝密的事情。

俄国革命的讲坛——圣彼得堡大学

克格勃招募情报官员的标准是：具有强烈的爱国主义和献身精神，机智勇敢，身体健康，年龄不超过25岁。主要从受过良好教育的公民

莫斯科风光

和应届大学毕业生当中招募。被录用者还需要经过半年至五年的专门训练和培养。这种招募和训练方式，使克格勃能够长期维持一支素质较高的职业情报人员队伍。

在大学期间，对于加入克格勃的理想，普京一直没有放弃。他甚至在憧憬着当年在克格勃办公室遇到的那个人能够突然出现，招收自己到克格勃工作。然而4年过去了，克格勃的人一直没有露面，普京只有默默地等待。在大学五年级的时候，普京几乎要放弃这个希望了，他准备毕业后去当律师，或者做一个检察官，因为少年时期的这个理想看来已经没有什么希望了。

但是普京出身工人阶级家庭，在大学里又品学兼优，着实是可造之才。因此实际上克格勃已经在注意他了，虽然他们不知道这个年轻人在读中学的时候就想加入克格勃了。当然，他们并不只关注他一个人。

克格勃在大学生中招人是得到学校当局的支持和配合的。他们可以先阅读学生的档案,再和可能的人选个别谈话,当面考查,再向上汇报,决定是否录用。

大学五年级时,学校忽然通知普京,有人将在一间教室见他。这间教室当时没有课,只有来人和普京两个人。来人没有说他是谁,但是普京立刻就猜出来了,他对普京说:"我想和你谈一谈你的工作分配,但我现在还不想说究竟是什么工作。"他们约定在教师休息室见面,但是那人却迟到了。普京等了20多分钟。

正当普京准备离开时,那人忽然跑过来,上气不接下气地说:"抱歉。"普京心里释然了,他喜欢这句话。

"这都是安排的,"对方说,"普京同学,如果邀请你到情报部门工作,你会怎么想?"

普京毫不犹豫地做出了决定,因为这本来就是他的理想。普京的家庭出身和从小受到的教育,以及苏联歌颂隐蔽战线无名英雄的文学作品和电影,使他对克格勃颇有好感。

当然,普京加入克格勃的道路也并非一帆风顺。在这次见面之后,克格勃的人好像突然消失了,普京也没有得到任何确定的消息。直到多日以后,又有人打电话,邀请他到大学的人事部谈话,普京心中的这块石头才算落了地。在毕业分配时,又险些出了岔子。大学就业委员会在安排学生去向时,一位法律系的老师指着普京的名字说:"我们要让他当律师。"就在这时,墙角传来一个声音:"不,这个问题已经决定了,我们要让普京为克格勃工作。"原来是监督学生分配的克格勃特工喊了起来,他刚刚还在角落里打盹。

和普京一起被吸收到克格勃的列宁格勒大学同届毕业生一共有3个,其中包括帕特鲁谢夫,他在普京担任总理后接替他出任了俄罗斯联邦安全局局长。

俄国革命的讲坛——圣彼得堡大学

在没有毕业的时候加入克格勃,一是可以提前确定今后的去向,二是立即就有了物质方面的好处。不久,普京就驾驶着一辆小轿车进出校园,一些同学为之侧目。当时苏联的小轿车虽然并不稀奇,但是也不十分普及,大学生有自己的轿车更是不多见。普京对同学解释说,小轿车是他母亲抽奖得到的,虽然同学们都不太相信这种说法,却也没有人深究。

老普京应该是支持儿子加入克格勃这一决定的。对一个工人的儿子来说,成为克格勃军官,决不是丢脸的事。就这样,弗拉基米尔·弗拉基米罗维奇·普京,在他大学生活的最后一年,正式加入了克格勃。但现在无从知道普京作为一个大学生,能够在学校从事什么样的情报工作。普京也是在这个时期加入苏共的,这是成为克格勃的必要条件。

平民领袖

普京出身于列宁格勒一个普通的工人家庭,他的祖父是一个出色的厨师,曾为列宁的夫人和妹妹服务,后在莫斯科市委高级疗养院工作。他虽是一个高级厨师,为许多重要人物做过饭,但从未利用职务之便为己谋私。普京的父母是苏联普通的工人。在战后艰难的岁月里,这个普通工人家庭的生活非常拮据,但相互之间的爱使这个家庭充满温暖。普京的父亲是个严肃正派、善良智慧、富有远见的人,他经常告诫普京要积极向上,要学会依靠自身的力量去谋生、自卫、寻求发展机遇,使普京从小就培养出一种朴实无华、坚韧进取的性格。

普京从小就住在列宁格勒一套只有 27 平米的工人公寓里,这里没有电梯,厨房也是合用的,楼里老鼠经常出没。结婚后,普京和妻子仍然与父母一起住在这套公寓里,直到 1993 年调去莫斯科。

长期的平民生活使普京对俄罗斯民众的艰辛有着切身体验,对他们的所思所想、所需所求有着深刻的了解。对俄罗斯民众生活的体察使普京成为一种平民色彩很浓的"领袖",他把了解民众的呼声和疾苦作为正确决策的关键。他到各地视察,经常打乱地方官员的接待计划,随意走进未事先安排的百姓家了解情况。一次普京考察远东时,路过一个村子,看到有个男子正穿着短裤在劈木柴。他老婆认出是普京后,对他嚷道:"当家的,总统来了!"男子不相信,可是抬头一看,愣了:"弗拉基米尔·弗拉基米罗维奇,真的是您!""不,不是我。"普京开玩笑说。男子不知深浅地邀请普京跟他和儿子一起游泳。当时水温只有21摄氏度,普京二话没说就下了水。这段故事快变成了传奇。此前不论是叶利钦还是苏共中央总书记,都喜欢事先精心策划的视察,听听当地领导汇报,看看名胜古迹。普京则讲究"眼见为实"。即使在群众场合,普京也善于躲开当地领导安插的"工农代表",专挑未经"训练"的普通人,跟他们聊家常。一次在外地,有个参加过卫国战争的老太太对他抱怨,说自己的退休金低于全国平均水平,而且没有享受任何优惠。普京回莫斯科后立即向退休基金会会长查问情况。原来,根据政府的规定,想享受优惠就要自己办齐证件去申请,不申请就没有优惠。在普京的过问下,这种政策很快进行了修改,规定基金会工作人员应该为退休老人上门服务。正是这种平民主义的理念与做法,使普京的内外政策反映了多数俄罗斯人的愿望,他本人也成为普通百姓心目中的"自己人"。

叶利钦

保加利亚的马克思主义领袖

布拉戈耶夫(1856—1924)保加利亚工人运动的著名领袖,马克思主义在保加利亚的最早传播者,保加利亚社会民主党(保共前身)的创始人之一。他也是俄国第一个社会民主主义小组的组织者,国际工人运动的活动家。

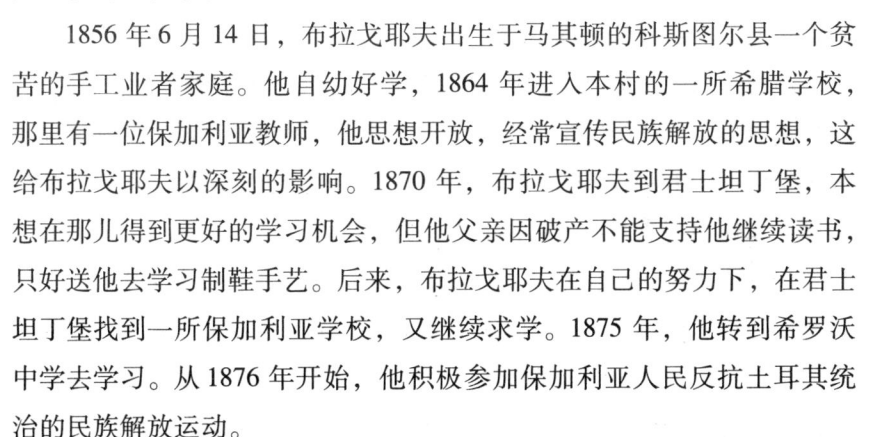

1856年6月14日,布拉戈耶夫出生于马其顿的科斯图尔县一个贫苦的手工业者家庭。他自幼好学,1864年进入本村的一所希腊学校,那里有一位保加利亚教师,他思想开放,经常宣传民族解放的思想,这给布拉戈耶夫以深刻的影响。1870年,布拉戈耶夫到君士坦丁堡,本想在那儿得到更好的学习机会,但他父亲因破产不能支持他继续读书,只好送他去学习制鞋手艺。后来,布拉戈耶夫在自己的努力下,在君士坦丁堡找到一所保加利亚学校,又继续求学。1875年,他转到希罗沃中学去学习。从1876年开始,他积极参加保加利亚人民反抗土耳其统治的民族解放运动。

1881年,布拉戈耶夫从保加利亚来到俄国,几乎与列宁的哥哥亚历山大·乌里扬诺夫同时进入彼得堡大学学习。在大学学习期间,他参加了学生革命小组,结识了俄国各种革命组织的许多成员,开始考虑和研究俄国革命问题。他与具有革命意识的大学生的亲密交往,与彼得堡先进工人的频繁接触,以及他对马克思的《资本论》的潜心研究,认识到了资本主义社会必然要被共产主义社会所代替。1883年冬天,在一次革命大学生的集会上，他提议由志同道合者一起成立一个小组来宣传科学社会主义思想，这就是著名的布拉戈耶夫小组。小组起初人数不足30人，主要是大学生，后来发展了约15个工人小组每组（150人左右）。他创办了地下印刷厂，出版《工人报》，这是社会民主主义的第一份俄文的工人报纸，曾受列宁的赞扬。布拉戈耶夫小组为俄国社会民主党打下了基础。

布拉戈耶夫的革命活动，受到了沙俄宪兵和警察的严密监视，这就使他的工作处于非常艰险的状态中。但他改名换姓，化装成工人或农民，用各种巧妙的办法继续坚持革命工作。在《工人报》出版以后，敌人进一步对他进行监视。1885年2月，布拉戈耶夫被沙俄政府逮捕。反动当局在搜查中未找到任何证据，在审讯中未得任何"口供"，最后，仍然无理地将他驱逐出境。

布拉戈耶夫在彼得堡的这段生活对形成他的世界观具有重大意义。他在彼得堡领导社会民主小组有助于他养成一些重要素质，这些素质大大地帮助他于1891年建立了保加利亚社会民主党，后来，他又于1919年建立了保加利亚共产党，并成为领导人之一。

为了传播马克思主义，布拉戈耶夫从1894年起，以十多年时间把马克思主义的重要著作翻译成保加利亚文，是保加利亚最早的马克思主义宣传家，其中有：1894年翻译的《法兰西内战》，1904年翻译的《政治经济学批判》，1905年翻译的《法兰西阶级斗争》和《资本论》第一卷，等等。在同一时期，他为了向广大劳动群众宣传马克思主义，还用通俗易懂的语言，写了很多阐述马克思主义学说的文章。

布拉戈耶夫坚持高度的原则性，对劳动人民的力量具有不可动摇的信念，对工人阶级事业无限忠诚。1919年至1922年期间，他不顾重病缠身，仍然坚持不懈地工作，一直战斗到生命的最后一息。1924年5月7日，布拉戈耶夫因病与世长辞。